Psicología de las masas
Más allá del principio del placer
El porvenir de una ilusión

Sección: Humanidades

Sigmund Freud:
Psicología de las masas
Más allá del principio del placer
El porvenir de una ilusión

BIBLIOTECA FUNDAMENTAL DE NUESTRO TIEMPO

ALIANZA EDITORIAL
CLUB INTERNACIONAL DEL LIBRO
S. A. DE PROMOCION Y EDICIONES

Título original: *Massenpsychologie und Ich-Analyse*
Jenseits des Lustprinzips
Die Zukunft einer Illusion
Traductor: Luis López-Ballesteros y de Torres

Primera edición en «El Libro de Bolsillo»: 1969
Segunda edición en «El Libro de Bolsillo»: 1970
Tercera edición en «El Libro de Bolsillo»: 1972
Cuarta edición en «El Libro de Bolsillo»: 1974
Quinta edición en «El Libro de Bolsillo»: 1977
Sexta edición en «El Libro de Bolsillo»: 1978
Séptima edición en «El Libro de Bolsillo»: 1980
Octava edición en «El Libro de Bolsillo»: 1981
Novena edición en «El Libro de Bolsillo»: 1983
Décima edición en «Biblioteca Fundamental de Nuestro Tiempo»: 1984
Undécima edición en «Biblioteca Fundamental de Nuestro Tiempo»: 1985

Calle Milán, 38; ☎200 00 45
Distribuidor exclusivo de la colección
«Biblioteca Fundamental de Nuestro Tiempo»:
Club Internacional del Libro
S. A. de Promoción y Ediciones
C/ Marqués de Monteagudo, 18
ISBN: 84-206-9229-8
Depósito legal: M. 22.373-1985
Impreso en: GREFOL, S. A.,
Pol. II - La Fuensanta
Móstoles (Madrid)
Encuadernado por: Larmor, S. A.
Printed in Spain

Psicología de las masas

1. Introducción

La oposición entre psicología individual y psicología social o colectiva, que a primera vista puede parecernos muy profunda, pierde gran parte de su significación en cuanto la sometemos a más detenido examen. La psicología individual se concreta, ciertamente, al hombre aislado e investiga los caminos por los que el mismo intenta alcanzar la satisfacción de sus instintos, pero sólo muy pocas veces y bajo determinadas condiciones excepcionales le es dado prescindir de las relaciones del individuo con sus semejantes. En la vida anímica individual aparece integrado siempre, efectivamente, «el otro», como modelo, objeto, auxiliar o adversario, y de este modo, la psicología individual es al mismo tiempo y desde un principio psicología social, en un sentido amplio, pero plenamente justificado.

Las relaciones del individuo con sus padres y hermanos, con la persona objeto de su amor y con su médico, esto es, todas aquellas que hasta ahora han sido objeto de la investigación psicoanalítica, pueden aspirar a ser consideradas como fenómenos sociales, situándose entonces en oposición a ciertos otros procesos, denominados por nosotros *narcisistas*, en los que la satisfacción de los instintos elude la influencia de otras personas o prescinde de éstas en absoluto. De este modo, la oposición entre actos anímicos sociales y narcisistas —Breuler diría quizá *autísticos*— cae dentro de los dominios de la psicología individual y no justifica una diferenciación entre ésta y la psicología social o colectiva.

En estas relaciones con sus padres y hermanos, con el ser amado, el amigo y el médico, se nos muestra el individuo bajo la influencia de una única persona, o, todo lo más, de un escaso número de personas, cada una de las cuales ha adquirido para él una extraordinaria importancia. Ahora bien: al hablar de la psicología social o colectiva se acostumbra prescindir de estas relaciones, tomando solamente como objeto de la investigación la influencia simultánea ejercida sobre el individuo por un gran número de personas a las que le unen ciertos lazos, pero que fuera de esto pueden serle ajenas desde otros muchos puntos de vista. Así, pues, la psicología colectiva considera al individuo como miembro de una tribu, de un pueblo, de una casta, de una clase social o de una institución, o como elemento de una multitud humana, que en un momento dado y con un determinado fin se organiza en una masa o colectividad. Roto así un lazo natural, resultó ya fácil considerar los fenómenos surgidos en las circunstancias particulares antes señaladas como manifestaciones de un instinto especial irreducible del instinto social —*herd instinct*, *group mind*—, que no surge al exterior en otras situaciones. Sin embargo, hemos de objetar que nos resulta difícil atribuir al factor numérico importancia suficiente para provocar por sí solo en el alma humana el despertar de un nuevo instinto, inactivo en toda otra ocasión. Nuestra atención queda, de este modo, orientada hacia dos distintas posibilidades, a saber: que el instinto social no es un instinto primario e irreducible, y que los comienzos de su formación pueden ser hallados en círculos más limitados; por ejemplo, el de la familia.

La psicología colectiva, no obstante encontrarse aún en

sus primeras fases, abarca un número incalculable de problemas que ni siquiera aparecen todavía suficientemente diferenciados. Sólo la clasificación de las diversas formas de agrupaciones colectivas y la descripción de los fenómenos psíquicos por ellas exteriorizados exigen una gran labor de observación y exposición y han dado origen ya a una extensa literatura. La comparación de las modestas proporciones del presente trabajo con la amplitud de los dominios de la psicología colectiva hará ya suponer al lector, sin más advertencias por parte mía, que sólo se estudian en él algunos puntos de tan vasta materia. Y en realidad, es que sólo un escaso número de las cuestiones que la misma entraña interesan especialmente a la investigación psicoanalítica de las profundidades del alma humana.

2. El alma colectiva, según Le Bon

Podríamos comenzar por una definición del alma colectiva, pero nos parece más racional presentar, en primer lugar, al lector una exposición general de los fenómenos correspondientes y escoger entre éstos algunos de los más singulares y característicos que puedan servirnos de punto de partida para nuestra investigación. Conseguiremos ambos fines tomando como guía una obra que goza de justa celebridad: *Psicología de las multitudes*, de Gustavo Le Bon [1].

Ante todo, convendría que nos hagamos presente, con máxima claridad, la cuestión planteada. La Psicología —que persigue los instintos, disposiciones, móviles e intenciones del individuo hasta sus actos y en sus relaciones con sus semejantes— llega al final de su labor, y habiendo hecho la luz sobre todos los objetos de la misma, vería alzarse ante ella, de repente, un nuevo problema. Habría, en efecto, de explicar el hecho sorprendente de que en determinadas circunstancias, nacidas de su incorporación a una multitud humana que ha adquirido el carácter de «masa psicológica», aquel mismo individuo al que ha logrado hacer inteligible piense, sienta y obre de un modo absolutamente inesperado. Ahora bien: ¿qué es una masa? ¿Por qué medios adquiere la facultad de ejercer tan decisiva influencia sobre la vida anímica individual? ¿Y en qué consiste la modificación psíquica que impone al individuo?

La contestación de estas interrogaciones, labor que resultará más fácil comenzando por la tercera y última, incumbe a la psicología colectiva, cuyo objeto es, en efecto, la observación de las modificaciones impresas a las reacciones individuales. Ahora bien: toda tentativa de explicación debe ir precedida de la descripción del objeto que de explicar se trata.

Dejaremos, pues, la palabra a Gustavo Le Bon: «El más singular de los fenómenos presentados por una masa psicológica es el siguiente: cualesquiera que sean los individuos que la componen y por diversos o semejantes que puedan ser su género de vida, sus ocupaciones, su carácter o su inteligencia, el solo hecho de hallarse transformados en una multitud les dota de una especie de alma colectiva. Este alma les hace sentir, pensar y obrar de una manera por completo distinta de como sentiría, pensaría y obraría cada uno de ellos aisladamente.

»Ciertas ideas y ciertos sentimientos no surgen ni se transforman en actos, sino en los individuos constituidos en multitud. La masa psicológica es un ser provisional compuesto de elementos heterogéneos, soldados por un instante, exactamente como las células de un cuerpo vivo forman por su reunión un nuevo ser que muestra caracteres muy diferentes de los que cada una de tales células posee» [2].

Permitiéndonos interrumpir la exposición de Le Bon con nuestras glosas, intercalaremos aquí la observación siguiente: si los individuos que forman parte de una multitud se hallan fundidos en una unidad, tiene que existir algo que los enlace unos a otros, y este algo podría bien ser aquello que caracteriza a la masa. Pero Le Bon deja en pie esta cuestión, y pasando a las modificaciones que el individuo experimenta en la masa, las describe en términos muy conformes con los principios fundamentales de nuestra psicología de las profundidades.

«Fácilmente se comprueba en qué alta medida difiere el individuo integrado a una multitud del individuo aislado. Lo que ya resulta más arduo es descubrir las causas de tal diferencia. Para llegar, por lo menos, a entreverlas es preciso recordar, ante todo, la observación realizada por la psicología moderna de que no sólo en la vida orgánica, sino también en el funcionamiento de la inteligencia desempeñan los fenómenos inconscientes un papel preponderante. La vida consciente del espíritu se nos muestra muy limitada al lado de la inconsciente. El analítico más sutil, el más penetrante observador, no llega nunca a descubrir sino una mínima parte de los móviles inconscientes que les guían. Nuestros actos conscientes se derivan de un substrato inconsciente formado, en su mayor parte, por influencias hereditarias. Este substrato entraña los innumerables residuos ancestrales que constituyen el alma de la raza. Detrás de las causas confesadas de nuestros actos existen causas secretas ignoradas por todos. La mayor parte de nuestros actos cotidianos son efecto de móviles ocultos que escapan a nuestro conocimiento» [3].

Le Bon piensa que en una multitud se borran las adquisiciones individuales, desapareciendo así la personalidad de cada uno de los que la integran. Lo inconsciente social surge en primer término y lo heterogéneo se funde en lo homogéneo. Diremos, pues, que la superestructura psíquica, tan diversamente desarrollada en cada individuo, queda destruida, apareciendo desnuda la uniforme base inconsciente común a todos.

De este modo se formaría un carácter medio de los individuos constituidos en multitud. Pero Le Bon encuentra nuevas cualidades, de las cuales carecían antes, y halla la explicación de este fenómeno en tres factores diferentes. «La aparición de los caracteres peculiares a las multitudes se nos muestra determinada por diversas causas. La primera de ellas es que el individuo integrado en una multitud adquiere, por el solo hecho del número, un sentimiento de potencia invencible, merced al cual puede permitirse ceder a instintos que antes, como individuo aislado, hubiera refrenado forzosamente. Y se abandonará tanto más gustoso a tales instintos cuanto que por ser la multitud anónima, y, en consecuencia, irresponsable, desaparecerá para él el sentimiento de la responsabilidad, poderoso y constante freno de los impulsos individuales» [4].

Nuestro punto de vista nos dispensa de conceder un gran valor a la aparición de nuevos caracteres. Bástanos decir que el individuo que entra a formar parte de una multitud se sitúa en condiciones que le permiten suprimir las represiones de sus tendencias inconscientes. Los caracteres aparentemente nuevos que entonces manifiesta son precisamente exteriorizaciones de lo inconsciente individual, sistema en el que se halla contenido en germen todo lo malo existente en el alma humana. La desaparición en estas circunstancias de la conciencia o del sentimiento de la responsabilidad es un hecho cuya comprensión no nos ofrece dificultad alguna, pues hace ya mucho tiempo hicimos observar que el nódulo de lo que denominamos conciencia moral era la «angustia social» [5].

«Una segunda causa, el contagio mental, interviene igualmente para determinar en las multitudes la manifestación de caracteres especiales y al mismo tiempo su orientación. El contagio es un fenómeno fácilmente comprobable, pero inexplicable aún y que ha de ser enlazado a los fenómenos de orden hipnótico, cuyo estudio emprenderemos en páginas posteriores. Dentro de una multitud, todo sentimiento y todo acto son contagiosos, hasta el punto de que el individuo sacrifica muy fácilmente su interés personal al interés colectivo, aptitud contraria a su naturaleza, y de la que el hombre sólo se hace susceptible cuando forma parte de una multitud» [6].

«Una tercera causa, la más importante, determina en los individuos integrados en una masa caracteres especiales, a veces muy opuestos a los del individuo. Me refiero a la sugestibilidad, de la que el contagio antes indicado no es, además, sino un efecto. Para comprender este fenómeno es necesario tener en cuenta ciertos recientes descubrimientos de la Fisiología. Sabemos hoy que un individuo puede ser transferido a un estado en el que, habiendo perdido su personalidad consciente, obedezca a todas las sugestiones del operador que se la ha hecho perder y cometa los actos más contrarios a su carácter y costumbres. Ahora bien: detenidas observaciones parecen demostrar que el individuo sumido algún tiempo en el seno de una multitud activa cae pronto, a consecuencia de los efluvios que de la misma emanan o por cualquier otra causa, aún ignorada, en un estado particular, muy semejante al estado de fascinación del hipnotizado entre las manos de su hipnotizador. Paralizada la vida cerebral del sujeto hipnotizado, se convierte éste en esclavo de todas sus actividades inconscientes, que el hipnotizador dirige a su antojo. La personalidad consciente desaparece; la voluntad y el discernimiento quedan abolidos. Sentimientos y pensamientos son entonces orientados en el sentido determinado por el hipnotizador.

»Tal es aproximadamente el estado del individuo integrado en una multitud. No tiene ya conciencia de sus actos. En él, como en el hipnotizado, quedan abolidas ciertas facultades y pueden ser llevadas otras a un grado extremo de exaltación. La influencia de una sugestión le lanzará con ímpetuo irresistible a la ejecución de ciertos actos. Impetu más irresistible aún en las multitudes que en el sujeto hipnotizado, pues siendo la sugestión la misma para todos los individuos se intensificará al hacerse recíproca» [7].

«... Así, pues, la desaparición de la personalidad consciente, el predominio de la personalidad inconsciente, la orientación de los sentimientos y de las ideas en igual sentido, por sugestión y contagio, y la tendencia a transformar inmediatamente en actos las ideas sugeridas, son los principales caracteres del individuo integrado en una multitud. Perdidos todos sus rasgos personales, pasa a convertirse en un autómata sin voluntad» [8].

Hemos citado íntegros estos pasajes para demostrar que Le Bon no se limita a comparar el estado del individuo integrado en una multitud con el estado hipnótico, sino que establece una verdadera identidad entre ambos. No nos proponemos contradecir aquí tal teoría, pero sí queremos señalar que las dos últimas causas mencionadas de la transformación del individuo en la masa, el contagio y la mayor sugestibilidad, no pueden ser consideradas como de igual naturaleza, puesto que, a juicio de nuestro autor, el contagio no es, a su vez, sino una manifestación de la sugestibilidad. Así, pues, ha de parecernos que Le Bon no establece una diferenciación suficientemente precisa entre los efectos de tales dos causas. Como mejor interpretaremos su pensamiento será, quizá, atribuyendo el contagio a la acción recíproca ejercida por los miembros de una multitud unos sobre otros y derivando los fenómenos de sugestión identificados por Le Bon con los de la influencia hipnótica de una distinta fuente. Pero ¿de cuál? Hemos de reconocer como una evidente laguna el hecho de que uno de los principales términos de esta identificación, a saber, la persona que para la multitud sustituye al hipnotizador, no aparezca mencionada en la exposición de Le Bon.

De todos modos, el autor distingue de esta influencia fascinadora, que deja en la sombra, la acción contagiosa que los individuos ejercen unos sobre otros y que viene a reforzar la sugestión primitiva.

Citaremos todavía otro punto de vista muy importante para el juicio del individuo integrado en una multitud:

«Por el solo hecho de formar parte de una multitud desciende, pues, el hombre varios escalones en la escala de la civilización. Aislado, era quizá un individuo culto; en multitud, un bárbaro. Tiene la espontaneidad, la violencia, la ferocidad y también los entusiasmos y los heroísmos de los seres primitivos» [9].

El autor insiste luego particularmente en la disminución de la actividad intelectual que el individuo experimenta por el hecho de su disolución en la masa [10].

Dejemos ahora al individuo y pasemos a la descripción del alma colectiva llevada a cabo por Le Bon. No hay en esta descripción un solo punto cuyo origen y clasificación puedan ofrecer dificultades al psicoanalítico. Le Bon nos indica, además, por sí mismo el camino, haciendo resaltar las coincidencias del alma de la multitud con la vida anímica de los primitivos y de los niños [11].

La multitud es impulsiva, versátil e irritable y se deja guiar casi exclusivamente por lo inconsciente [12]. Los impulsos a los que obedece pueden ser, según las circunstancias, nobles o crueles, heroicos o cobardes, pero son siempre tan imperiosos, que la personalidad e incluso el instinto de conservación desaparecen ante ellos [13]. Nada en ella es premeditado. Aun cuando desea apasionadamente algo, nunca lo desea mucho tiempo, pues es incapaz de una voluntad perseverante. No tolera aplazamiento alguno entre el deseo y la realización. Abriga un sentimiento de omnipotencia. La noción de lo imposible no existe para el individuo que forma parte de una multitud [14].

La multitud es extraordinariamente influenciable y crédula. Carece de sentido crítico y lo inverosímil no existe para ella. Piensa en imágenes que se enlazan unas a otras asociativamente, como en aquellos estados en los que el individuo da libre curso a su imaginación sin que ninguna instancia racional intervenga para juzgar hasta qué punto se adaptan a la realidad sus fantasías. Los sentimientos de la multitud son siempre simples y exaltados. De este modo, no conoce dudas ni incertidumbres [15].

Las multitudes llegan rápidamente a lo extremo. La sospecha enunciada se transforma *ipso facto* en indiscutible evidencia. Un principio de antipatía pasa a constituir en segundos un odio feroz [16].

Naturalmente inclinada a todos los excesos, la multitud no reacciona sino a estímulos muy intensos. Para influir sobre ella es inútil argumentar lógicamente. En cambio, será preciso presentar imágenes de vivos colores y repetir una y otra vez las mismas cosas.

«No abrigando la menor duda sobre lo que cree la verdad o el error y poseyendo, además, clara conciencia de su poderío, la multitud es tan autoritaria como intolerable... Respeta la fuerza y no ve en la bondad sino una especie de debilidad, que le impresiona muy poco. Lo que la multitud exige de sus héroes es la fuerza e incluso la violencia. Quiere ser dominada, subyugada y temer a su amo... Las multitudes abrigan, en el fondo, irreductibles instintos conservadores, y como todos los primitivos, un respeto fetichista a las tradiciones y un horror inconsciente a las novedades susceptibles de modificar sus condiciones de existencia» [17].

Si queremos formarnos una idea exacta de la moralidad de las multitudes, habremos de tener en cuenta que en la reunión de los individuos integrados en una masa desaparecen todas las inhibiciones individuales, mientras que todos los instintos crueles, brutales y destructores, residuos de épocas primitivas, latentes en el individuo, despiertan y buscan su libre satisfacción. Pero, bajo la influencia de la sugestión, las masas son también capaces del desinterés y del sacrificio por un ideal. El interés personal, que constituye casi el único móvil de acción del individuo aislado, no se muestra en las masas como elemento dominante, sino en muy contadas ocasiones. Puede incluso hablarse de una moralización del individuo por la masa [18]. Mientras que el nivel intelectual de la multitud aparece siempre muy inferior al del individuo, su conducta moral puede tanto sobrepasar el nivel ético individual como descender muy por debajo de él.

Algunos rasgos de la característica de las masas, tal y como la expone Le Bon, muestran hasta qué punto está justificada la identificación del alma de la multitud con el alma de los primitivos. En las masas, las ideas más opuestas pueden coexistir sin estorbarse unas a otras y sin que surja de su contradicción lógica conflicto alguno. Ahora bien: el psicoanálisis ha demostrado que este mismo fenómeno se da también en la vida anímica individual, así en el niño como en el neurótico [19].

Además, la multitud se muestra muy accesible al poder verdaderamente mágico de las palabras, las cuales son susceptibles tanto de provocar en el alma colectiva las más violentas tempestades como de apaciguarla y devolverle la calma. «La razón y los argumentos no pueden nada contra ciertas palabras y fórmulas. Pronunciadas éstas con recogimiento ante las multitudes, hacen pintarse el respeto en todos los rostros e inclinarse todas las frentes. Muchos las consideran como fuerzas de la Naturaleza o como potencias sobrenaturales» [20]. A este propósito basta con recordar el tabú de los nombres entre los primitivos y las fuerzas mágicas que para ellos se enlazan a los nombres y las palabras [21]. Por último, las multitudes no han conocido jamás la sed de la verdad. Piden ilusiones, a las cuales no pueden renunciar. Dan siempre la preferencia a lo irreal sobre lo real, y lo irreal actúa sobre ellas con la misma fuerza que lo real. Tienen una visible tendencia a no hacer distinción entre ambos.

Este predominio de la vida imaginativa y de la ilusión sustentada por el deseo insatisfecho ha sido ya señalado por nosotros como fenómeno característico de la psicología de las neurosis. Hallamos, en efecto, que para el neurótico no representa valor alguno la general realidad objetiva y sí únicamente la realidad psíquica. Un síntoma histérico se funda en una fantasía y no en la reproducción de algo verdaderamente vivido. Un sentimiento obsesivo de culpabilidad reposa en el hecho real de un mal propósito jamás llevado a cabo. Como sucede en el sueño y en la hipnosis, la prueba por la realidad sucumbe, en la actividad anímica de la masa, a la energía de los deseos cargados de afectividad.

Lo que Le Bon dice sobre los directores de multitudes es menos satisfactorio y no deja transparentar tan claramente lo normativo. Opina nuestro autor que en cuanto cierto número de seres vivos se reúnen, trátese de un rebaño o de una multitud humana, los elementos individuales se colocan instintivamente bajo la autoridad de un jefe. La multitud es un dócil rebaño incapaz de vivir sin amo. Tiene tal sed de obedecer que se somete instintivamente a aquel que se erige en su jefe.

Pero si la multitud necesita un jefe, es preciso que el mismo posea determinadas aptitudes personales. Deberá hallarse también fascinado por una intensa fe (en una idea) para poder hacer surgir la fe en la multitud. Asimismo deberá poseer una voluntad potente e imperiosa, susceptible de animar a la multitud, carente por sí misma de voluntad. Le Bon habla después de las diversas clases de directores de multitudes y de los medios con los que actúan sobre ellas. En último análisis, ve la causa de su influencia en las ideas por las que ellos mismos se hallan fascinados.

Pero, además, tanto a estas ideas como a los directores de multitudes les atribuye Le Bon un poder misterioso e irresistible, al que da el nombre de «prestigio»: «El prestigio es una especie de fascinación que un individuo, una obra o una idea ejercen sobre nuestro espíritu. Esta fascinación paraliza todas nuestras facultades críticas y llena nuestra alma de asombro y de respeto. Los sentimientos entonces provocados son inexplicables, como todos los sentimientos, pero probablemente del mismo orden que la sugestión experimentada por un sujeto magnetizado»[22].

Le Bon distingue un prestigio adquirido o artificial y un prestigio personal. El primero queda conferido a las personas, por su nombre, sus riquezas o su honorabilidad, y a las doctrinas y a las obras de arte, por la tradición.

Dado que posee siempre su origen en el pasado, no nos facilita en modo alguno la comprensión de esta misteriosa influencia. El prestigio personal es adorno de que muy pocos gozan, pero estos pocos se imponen, por el mismo hecho de poseerlo, como jefes y se hacen obedecer cual si poseyeran un mágico talismán. De todos modos, y cualquiera que sea su naturaleza, el prestigio depende siempre del éxito y desaparece ante el fracaso.

No puede por menos de observarse que las consideraciones de Le Bon sobre los directores de multitudes y la naturaleza del prestigio no se hallan a la altura de su brillante descripción del alma colectiva.

3. Otras concepciones de la vida anímica colectiva

Hemos utilizado como punto de partida la exposición de Gustavo Le Bon, por coincidir considerablemente con nuestra psicología en la acentuación de la vida anímica inconsciente. Mas ahora hemos de añadir que, en realidad, ninguna de las afirmaciones de este autor nos ofrece algo nuevo.

Su despectiva apreciación de las manifestaciones del alma colectiva ha sido expresada ya en términos igualmente precisos y hostiles por otros autores y repetida, desde las épocas más remotas de la literatura, por un sinnúmero de pensadores, poetas y hombres de Estado[23]. Los dos principios que contienen los puntos de vista más importantes de Le Bon, el de la inhibición colectiva de la función intelectual y el de la intensificación de la afectividad en la multitud, fueron formulados poco tiempo antes por Sighele [24]. Así, pues, lo único privativo de Le Bon es su concepción de lo inconsciente y la comparación con la vida psíquica de los primitivos, aunque tampoco en estos puntos haya carecido de precursores.

Pero aún hay más: la descripción y la apreciación que Le Bon y otros hacen del alma colectiva no han permanecido libres de objeciones. Sin duda, todos los fenómenos antes descritos del alma colectiva han sido exactamente observados; pero también es posible oponerles otras manifestaciones de las formaciones colectivas, contrarias por completo a ellos y susceptibles de sugerir una más alta valoración de alma de las multitudes.

El mismo Le Bon se nos muestra ya dispuesto a conceder que, en determinadas circunstancias, la moralidad de las multitudes puede resultar más elevada que la de los individuos que la componen, y que sólo las colectividades son capaces de un gran desinterés y un alto espíritu de sacrificio.

«El interés personal, que constituye casi el único móvil de acción del individuo aislado, no se muestra en las masas como elemento dominante sino en muy contadas ocasiones.»

Otros autores hacen resaltar el hecho de ser la sociedad la que impone las normas de la moral al individuo, incapaz, en general, de elevarse hasta ellas por sí solo, o afirman que en circunstancias excepcionales surge en la colectividad el fenómeno del estusiasmo, el cual ha capacitado a las multitudes para los actos más nobles y generosos.

Por lo que respecta a la producción intelectual, está, en cambio, demostrado que las grandes creaciones del pensamiento, los descubrimientos capitales y las soluciones decisivas de grandes problemas no son posibles sino al individuo aislado que labora en la soledad. Sin embargo, también el alma colectiva es capaz de dar vida a creaciones espirituales de un orden genial, como lo prueban, en primer lugar, el idioma y, después, los cantos populares, el folklore, etc. Habría, además, de precisarse cuánto deben el pensador y el poeta a los estímulos de la masa y si son realmente algo más que los perfeccionadores de una labor anímica en la que los demás han colaborado simultáneamente.

En presencia de estas contradicciones, aparentemente irreducibles, parece que la labor de la psicología colectiva ha de resultar estéril. Sin embargo, no es difícil encontrar un camino lleno de esperanzas. Probablemente se ha confundido bajo la denominación genérica de «multitudes» a formaciones muy diversas, entre las cuales es necesario establecer una distinción. Los datos de Sighele, Le Bon y otros se refieren a masas de existencia pasajera, constituidas rápidamente por la asociación de individuos movidos por un interés común, pero muy diferentes unos de otros. Es innegable que los caracteres de las masas revolucionarias, especialmente de las de la Revolución francesa, han influido en su descripción. En cambio, las afirmaciones opuestas se derivan de la observación de aquellas otras masas estables o asociaciones permanentes, en las cuales pasan los hombres toda su vida y que toman cuerpo en las instituciones sociales. Las multitudes de la primera categoría son, con respecto a las de la segunda, lo que las olas breves, pero altas, a la inmensa superficie del mar.

Mac Dougall, que en su libro *The Group Mind* (Cambridge, 1920) parte de la misma contradicción antes señalada, la resuelve introduciendo el factor «organización». En el caso más sencillo —dice—, la masa *(group)* no posee organización ninguna o solo una organización rudimentaria. A esta masa desorganizada le da el nombre de «multitud» *(crowd)*. Sin embargo, confiesa que ningún grupo humano puede llegar a formarse sin cierto comienzo de organización, y que precisamente en estas masas simples y rudimentarias es en las que más fácilmente pueden observarse algunos de los fenómenos fundamentales de la psicología colectiva [25]. Para que los miembros accidentalmente reunidos de un grupo humano lleguen a formar algo semejante a una masa, en el sentido psicológico de la palabra, es condición necesaria que entre los individuos exista algo común, que un mismo interés los enlace a un mismo objeto, que experimenten los mismos sentimientos en presencia de una situación dada y (por consiguiente, añadiría yo) que posean, en cierta medida, la facultad de influir unos sobre otros *(some degree of reciprocal influence between the members of the group)* [26]. Cuando más enérgica es esta homogeneidad mental, más fácilmente formarán los individuos una masa psicológica y más evidentes serán las manifestaciones de un alma colectiva.

El fenómeno más singular y al mismo tiempo más importante de la formación de la masa consiste en la exaltación o intensificación de la emotividad en los individuos que la integran [27]. Puede decirse —opina Mac Dougall— que no existen otras condiciones en las que los afectos humanos alcancen la intensidad a la que llegan en la multitud. Además, los individuos de una multitud experimentan una voluptuosa sensación al entregarse ilimitadamente a sus pasiones y fundirse en la masa, perdiendo el sentimiento de su delimitación individual. Mac Dougall explica esta absorción del individuo por la masa atribuyéndola a lo que él denomina «el principio de la inducción directa de las emociones por medio de la reacción simpática primitiva» [28]; esto es, a aquello que con el nombre de contagio de los afectos nos es ya conocido a nosotros los psicoanalíticos. El hecho es que la percatación de los signos de un estado afectivo es susceptible de provocar automáticamente el mismo afecto en el observador. Esta obsesión automática es tanto más intensa cuanto mayor es el número de las personas en las que se observa simultáneamente el mismo afecto. Entonces el individuo llega a ser incapaz de mantener una actitud crítica y se deja invadir por la misma emoción. Pero al compartir la excitación de aquellos cuya influencia ha actuado sobre él, aumenta a su vez la de los demás, y de este modo se intensifica por inducción recíproca la carga afectiva de los individuos integrados en la masa. Actúa aquí, innegablemente, algo como una obsesión, que impulsa al individuo a imitar a los demás y a conservarse a tono con ellos. Cuanto más groseras y elementales son las emociones, más probabilidades presentan de propagarse de este modo en una masa [29].

Este mecanismo de la intensificación afectiva queda favorecido por varias otras influencias emanadas de la multitud. La masa da al individuo la impresión de un poder ilimitado y de un peligro invencible. Sustituye, por el momento, a la entera sociedad humana, encarnación de la autoridad, cuyos castigos se han temido y por la que nos imponemos tantas restricciones. Es evidentemente peligroso situarse enfrente de ella, y para garantizar la propia seguridad deberá cada uno seguir el ejemplo que observa en derredor suyo, e incluso, si es preciso, llegar a «aullar con los lobos». Obedientes a la nueva autoridad, habremos de hacer callar a nuestra conciencia anterior y ceder así a la atracción del placer, que seguramente alcanzaremos por la cesación de nuestras inhibiciones. No habrá, pues, de asombrarnos que el individuo integrado en una masa realice o apruebe cosas de las que se hubiera alejado en las condiciones ordinarias de su vida, e incluso podemos esperar que este hecho nos permita proyectar alguna luz en las tinieblas de aquello que designamos con la enigmática palabra «sugestión».

Mac Dougall no niega tampoco el principio de la inhibición colectiva de la inteligencia en la masa [30]. Opina que las inteligencias inferiores atraen a su propio nivel a las superiores. Estas últimas ven estorbada su actividad, porque la intensificación de la afectividad crea, en general, condiciones desfavorables para el trabajo intelectual; en segundo lugar, porque los individuos intimidados por la multitud ven coartado dicho trabajo, y en tercero, porque en cada uno de los individuos integrados en la masa queda disminuida la conciencia de la responsabilidad.

El juicio de conjunto que Mac Dougall formula sobre la función psíquica de las multitudes simples «desorganizadas» no es mucho más favorable que el de Le Bon. Para él, tal masa es sobremanera excitable, impulsiva, apasionada, versátil, inconsecuente, indecisa y, al mismo tiempo, inclinada a llegar en su acción a los mayores extremos, accesible sólo a las pasiones violentas y a los sentimientos elementales, extraordinariamente fácil de sugestionar, superficial en sus reflexiones, violenta en sus juicios, capaz de asimilarse tan sólo los argumentos y conclusiones más simples e imperfectos, fácil de conducir y conmover. Carece de todo sentimiento de responsabilidad y respetabilidad y se halla siempre pronta a dejarse arrastrar por la conciencia de su fuerza hasta violencias propias de un poder absoluto e irresponsable. Se comporta, pues, como un niño mal educado o como un salvaje apasionado y no vigilado en una situación que no le es familiar. En los casos más graves se conduce más bien como un rebaño de animales salvajes que como una reunión de seres humanos.

Dado que Mac Dougall opone a esta actitud la de las multitudes que poseen una organización superior, esperaremos con impaciencia averiguar en qué consiste tal organización y cuáles son los factores que favorecen su establecimiento. El autor enumera cinco de estos factores capitales, cinco «condiciones principales» necesarias para elevar el nivel de la vida psíquica de la multitud.

La primera condición —y la esencial— consiste en cierta medida de continuidad en la composición de la masa. Esta continuidad puede ser material o formal: lo primero, cuando las mismas personas forman parte de la multitud durante un período de tiempo más o menos prolongado; lo segundo, cuando dentro de la masa se desarrollan ciertas situaciones, que son ocupadas sucesivamente por personas distintas.

En segundo lugar, es necesario que cada uno de los individuos de la masa se haya formado una determinada idea de la naturaleza, la función, la actividad y las aspiraciones de la misma, idea de la que se derivará para él una actitud afectiva con respecto a la totalidad de la masa.

En tercer lugar, es preciso que la masa se halle en relación con otras formaciones colectivas análogas, pero diferentes, sin embargo, en diversos aspectos e incluso que rivalicen con ella.

La cuarta condición es que la masa posea tradiciones, usos e instituciones propios, relativos sobre todo a las relaciones recíprocas de sus miembros.

Por último, la quinta condición es que la multitud posea una organización que se manifieste en la especialización y diferenciación de las actividades de cada uno de sus miembros.

El cumplimiento de estas condiciones haría desaparecer, según Mac Dougall, los defectos psíquicos de la formación colectiva. La disminución colectiva del nivel intelectual se evitaría quitando a la multitud la solución de los problemas intelectuales, para confiarla a los individuos.

A nuestro juicio, la condición que Mac Dougall designa con el nombre de «organización» de la multitud podría ser descrita, más justificadamente, en una forma distinta. Trátase de crear en la masa las facultades precisamente características del individuo y que éste ha perdido a consecuencia de su absorción por la multitud. El individuo poseía desde luego, antes de incorporarse a la masa primitiva, su continuidad, su conciencia, sus tradiciones y costumbres, su peculiar campo de acción y su modalidad especial de adaptación, y se mantenía separado de otros con los cuales rivalizaba. Todas estas cualidades las ha perdido temporalmente por su incorporación a la multitud no «organizada». Esta tendencia a dotar a la multitud de los atributos del individuo nos recuerda la profunda observación de W. Trotter [31], que ve en la tendencia a la formación de masas una expresión biológica de la estructura policelular de los organismos superiores.

4. Sugestión y libido

Hemos partido del hecho fundamental de que el individuo integrado en una masa experimenta, bajo la influencia de la misma, una modificación, a veces muy profunda, de su actividad anímica. Su afectividad queda extraordinariamente intensificada y, en cambio, notablemente limitada su actividad intelectual. Ambos procesos tienden a igualar al individuo con los demás de la multitud, fin que sólo puede ser conseguido por la supresión de las inhibiciones peculiares a cada uno y la renuncia a las modalidades individuales y personales de las tendencias.

Hemos visto que estos efectos, con frecuencia indeseables, pueden quedar neutralizados, al menos en parte, por una «organización» superior de las masas; pero esta posibilidad deja en pie el hecho fundamental de la psicología colectiva; esto es, la elevación de la afectividad y la coerción intelectual en la masa primitiva. Nuestra labor se encaminará, pues, a hallar la explicación psicológica de la modificación psíquica que la influencia de la masa impone al individuo.

Evidentemente, la intervención de factores racionales, como la intimidación del individuo por la multitud, o sea la acción de su instinto de conservación, no basta para explicar los fenómenos observados. Aquello que fuera de esto nos ofrecen, a título explicativo, las autoridades en sociología y psicología de las masas se reduce siempre, aunque presentado bajo diversos nombres, a la misma cosa, resumida en la mágica palabra *sugestión*. Uno de estos autores —Tarde— habla de *imitación*, mas por nuestra parte suscribimos sin reservas la opinión de Brugeilles, que considera integrada la imitación en el concepto de sugestión como una consecuencia de la misma [32]. Le Bon reduce todas las singularidades de los fenómenos sociales a dos factores: la sugestión recíproca de los individuos y el prestigio del caudillo. Pero el prestigio no se exterioriza precisamente sino por la facultad de provocar la sugestión. Leyendo a Mac Dougall pudimos experimentar, durante algunos momentos, la impresión de que su principio de la «inducción afectiva primaria» permitía prescindir de la hipótesis de la sugestión. Pero reflexionando más detenidamente, hemos de reconocer que este principio no expresa sino los conocidos fenómenos de la «imitación» o el «contagio», aunque acentuando decididamente el factor afectivo. Es indudable que existe en nosotros una tendencia a experimentar aquellos afectos cuyos signos observamos en otros; pero ¿cuántas veces nos resistimos victoriosamente a ella, rechazando el afecto, e incluso reaccionando de un modo completamente opuesto? Y siendo así, ¿por qué nos entregamos siempre, en cambio, al contagio cuando formamos parte integrante de la masa? Habremos de decirnos nuevamente que es la influencia sugestiva de la masa la que nos obliga a obedecer a esta tendencia a la imitación e induce en nosotros el afecto. Pero, aun dejando aparte todo esto, tampoco nos permite Mac Dougall prescindir de la sugestión, pues como otros muchos autores, nos dice que las masas se distinguen por una especial sugestibilidad.

De este modo quedamos preparados a admitir que la sugestión (o más exactamente, la sugestibilidad) es un fenómeno primario irreducible, un hecho fundamental de la vida anímica humana. Así opinaba Bernheim, de cuyos asombrosos experimentos fui testigo presencial en 1889. Pero recuerdo también haber experimentado por entonces una oscura animosidad contra la tiranía de la sugestión. Cuando oía a Bernheim interpelar a un enfermo poco dócil con las palabras «¿Qué hace usted? *Vous vous contre-suggestionnez!*», me decía que aquello constituía una injusticia y una violencia. El sujeto poseía un evidente derecho a «contrasugestionarse» cuando se le intentaba dominar por medio de sugestiones. Esta resistencia mía tomó después la forma de una rebelión contra el hecho de que la sugestión, que todo lo explicaba, hubiera de carecer por sí misma de explicación, y me repetí, refiriéndome a ella, la antigua pregunta chistosa [33]:

Christoph trug Christum,
Christus trug die ganze Welt,
Sag, wo hat Christoph
Damals hin den Fuss gestellt? [34] *

Ahora, cuando después de treinta años de alejamiento vuelvo a aproximarme al enigma de la sugestión, encuentro que nada ha cambiado en él, salvo una única excepción, que testimonia precisamente de la influencia del psicoanálisis. Observo, en efecto, en los investigadores un empeño particular por formular correctamente el concepto de la sugestión; esto es, por fijar convencionalmente el uso de este término [35]. No es esto, desde luego, nada superfluo, pues la palabra «sugestión» va adquiriendo con el uso una

* Literalmente: Cristóbal llevaba a Cristo. Cristo sustentaba el mundo entero. Decidme entonces: ¿dónde apoyaba sus pies Cristóbal? (*N. del T.*)

significación cada vez más imprecisa y pronto acabará por designar una influencia cualquiera, como ya sucede hoy en inglés, idioma en el que las palabras *to suggest* y *suggestion* corresponden a las nuestras *nahelegen* (incitar) y *Anregung* (estímulo). Pero sobre la esencia de la sugestión, esto es, sobre las condiciones en las cuales se establecen influencias carentes de un fundamento lógico suficiente, no se ha dado aún esclarecimiento ninguno. Podría robustecer esta afirmación mediante el análisis de las obras publicadas sobre la materia en los últimos treinta años, pero prescindo de hacerlo por constarme que en sector próximo al de mi actividad se prepara una minuciosa investigación sobre este tema.

En cambio, intentaremos aplicar al esclarecimiento de la psicología colectiva el concepto de la *libido*, que tan buenos servicios nos ha prestado ya en el estudio de las psiconeurosis.

Libido es un término perteneciente a la teoría de la afectividad. Designamos con él la energía —considerada como magnitud cuantitativa, aunque por ahora no mensurable— de los instintos relacionados con todo aquello susceptible de ser comprendido bajo el concepto de *amor*. El nódulo de lo que nosotros denominamos *amor* se halla constituido, naturalmente, por lo que en general se designa con tal palabra y es cantado por los poetas; esto es, por el amor sexual, cuyo último fin es la cópula sexual. Pero, en cambio, no separamos de tal concepto aquello que participa del nombre de amor, o sea, de una parte, el amor del individuo a sí propio, y de otra, el amor paterno y el filial, la amistad y el amor a la Humanidad en general, a objetos concretos o a ideas abstractas. Nuestra justificación está en el hecho de que la investigación psicoanalítica nos ha enseñado que todas estas tendencias constituyen la expresión de los mismos movimientos instintivos que impulsan a los sexos a la unión sexual; pero que en circunstancias distintas son desviados de este fin sexual o detenidos en la consecución del mismo, aunque conservando de su esencia lo bastante para mantener reconocible su identidad (abnegación, tendencia a la aproximación).

Creemos, pues, que con la palabra «amor», en sus múltiples acepciones, ha creado el lenguaje una síntesis perfectamente justificada y que no podemos hacer nada mejor que tomarla como base de nuestras discusiones y exposiciones científicas. Con este acuerdo ha desencadenado el psicoanálisis una tempestad de indignación, como si se hubiera hecho culpable de una innovación sacrílega. Y, sin embargo, con esta concepción «amplificada» del amor, no ha creado el psicoanálisis nada nuevo. El *Eros*, de Platón, representa, por lo que respecta a sus orígenes, a sus manifestaciones y a su relación con el amor sexual, una perfecta analogía con la energía amorosa; esto es, con la libido del psicoanálisis, coincidencia cumplidamente demostrada por Nachmanson y Pfister en interesantes trabajos [36]; y cuando el apóstol Pablo alaba el amor en su famosa *Epístola a los corintios* y lo sitúa sobre todas las cosas, lo concibe seguramente en el mismo sentido «amplificado» [37], de donde resulta que los hombres no siempre toman en serio a sus grandes pensadores, aunque aparentemente los admiren mucho.

Estos instintos eróticos son denominados en psicoanálisis, *a potiori* y en razón a su origen, instintos sexuales. La mayoría de los hombres «cultos» ha visto en esta denominación una ofensa y ha tomado venganza de ella lanzando contra el psicoanálisis la acusación de «pansexualismo». Aquellos que consideran la sexualidad como algo vergonzoso y humillante para la naturaleza humana pueden servirse de los términos «Eros» y «Erotismo», más distinguidos. Así lo hubiera podido hacer también yo desde un principio, cosa que me hubiera ahorrado numerosas objeciones. Pero no lo he hecho porque no me gusta ceder a la pusilanimidad. Nunca se sabe adónde puede llevarle a uno tal camino; se empieza por ceder en las palabras y se acaba a veces por ceder en las cosas. No encuentro mérito ninguno en avergonzarse de la sexualidad. La palabra griega Eros, con la que se quiere velar lo vergonzoso, no es, en fin de cuentas, sino la traducción de nuestra palabra Amor. Además, aquel que sabe esperar no tiene necesidad de hacer concesiones.

Intentaremos, pues, admitir la hipótesis de que en la esencia del alma colectiva existen también relaciones amorosas (o para emplear una expresión neutra, lazos afectivos). Recordemos que los autores hasta ahora citados no hablan ni una sola palabra de esta cuestión. Aquello que corresponde a estas relaciones amorosas aparece oculto en ellos detrás de las sugestión. Nuestra esperanza se apoya en dos ideas. Primeramente, la de que la masa tiene que hallarse mantenida en cohesión por algún poder. ¿Y a qué poder resulta factible atribuir tal función si no es al Eros, que mantiene la cohesión de todo lo existente? En segundo lugar, la de que, cuando el individuo englobado en la masa renuncia a lo que le es personal y se deja sugestionar por los otros, experimentamos la impresión de que lo hace por sentir en él la necesidad de hallarse de acuerdo con ellos y no en oposición a ellos; esto es, por «amor a los demás».

5. Dos masas artificiales: la Iglesia y el Ejército

Por lo que respecta a la morfología de las masas, recordaremos que podemos distinguir muy diversas variedades y direcciones muy divergentes e incluso opuestas en su formación y constitución. Existen, en efecto, multitudes efímeras y otras muy duraderas; homogéneas, esto es, compuestas de individuos semejantes, y no homogéneas; naturales y artificiales o necesitadas de una coerción exterior; primitivas y diferenciadas, con un alto grado de organización. Mas, por razones que luego irán apareciendo, insistiremos aquí particularmente en una diferenciación a la que los autores no han concedido aún atención suficiente. Me refiero a la de aquellas masas que carecen de directores y las que, por el contrario, los poseen. Y en completa oposición con la general costumbre adoptada, no elegiremos como punto de partida de nuestras investigaciones una formación colectiva relativamente simple, sino masas artificiales, duraderas y altamente organizadas.

La Iglesia y el Ejército son masas artificiales; esto es, masas sobre las que actúa una coerción exterior encaminada a preservarlas de la disolución y a evitar modificaciones de su estructura. En general, no depende de la voluntad del individuo entrar o no a formar parte de ellas, y una vez dentro, la separación se halla sujeta a determinadas condiciones, cuyo incumplimiento es rigurosamente castigado. La cuestión de saber por qué estas asociaciones precisan de semejantes garantías no nos interesa por el momento, y sí, en cambio, la circunstancia de que estas multitudes, altamente organizadas y protegidas (en la forma indicada) contra la disgregación, nos revelan determinadas particularidades, que en otras se mantienen ocultas o disimuladas.

En la Iglesia —y habrá de sernos muy ventajoso tomar como muestra la Iglesia católica— y en el Ejército reina, cualesquiera que sean sus diferencias en otros aspectos, una misma ilusión: la ilusión de la presencia visible o invisible de un jefe (Cristo, en la Iglesia católica, y el general en jefe, en el Ejército), que ama con igual amor a todos los miembros de la colectividad. De esta ilusión depende todo, y su desvanecimiento traería consigo la disgregación de la Iglesia o del Ejército, en la medida en que la coerción exterior lo permitiese. El igual amor de Cristo por sus fieles todos aparece claramente expresado en las palabras: «De cierto os digo que en cuanto le hicisteis a uno de estos mis hermanos pequeñitos, a Mí lo hicisteis.» Para cada uno de los individuos que componen la multitud creyente es Cristo un bondadoso hermano mayor, una sustitución del padre. De este amor de Cristo se derivan todas las exigencias de que se hace objeto al individuo creyente, y el aliento democrático que anima a la Iglesia depende de la igualdad de todos los fieles ante Cristo y de su idéntica participación en el amor divino. No sin una profunda razón se compara la comunidad cristiana a una familia y se consideran los fieles como hermanos en Cristo; esto es, como hermanos por el amor que Cristo les profesa. En el lazo que une a cada individuo con Cristo hemos de ver indiscutiblemente la causa del que une a los individuos entre sí. Análogamente sucede en el Ejército. El jefe es el padre que ama por igual a todos los soldados, razón por la cual éstos son camaradas unos de otros. Desde el punto de vista de la estructura, el

Ejército se distingue de la Iglesia en el hecho de hallarse compuesto por una jerarquía de masas de este orden: cada capitán es el general en jefe y el padre de su compañía, y cada suboficial, de su sección. La Iglesia presenta asimismo una jerarquía; pero que no desempeña ya en ella el mismo papel económico, pues ha de suponerse que Cristo conoce mejor a sus fieles que el general a sus soldados y se ocupa más de ellos.

Contra esta concepción de la estructura libidinosa del Ejército se objetará, con razón, que prescinde en absoluto de las ideas de patria, de gloria nacional, etc., tan importantes para la cohesión del Ejército. En respuesta a tal objeción alegaremos que se trata de un caso distinto y mucho menos sencillo de formación colectiva, y que los ejemplos de grandes capitanes, tales como César, Wallenstein y Napoleón, demuestran que dichas ideas no son indispensables para el mantenimiento de la cohesión de un Ejército. Más tarde trataremos brevemente de la posible sustitución del jefe por una idea directora y de las relaciones entre ésta y aquél. La negligencia de este factor libidinoso en el Ejército parece constituir, incluso en aquellos casos en los que no es el único que actúa, no sólo un error teórico, sino también un peligro práctico. El militarismo prusiano, tan antipsicológico como la ciencia alemana, ha experimentado quizá las consecuencias de tal error en la gran guerra. Las neurosis de guerra que disgregaron el Ejército alemán representaban una protesta del individuo contra el papel que le era asignado en el Ejército, y según las comunicaciones de E. Simmel [38], puede afirmarse que la rudeza con que los jefes trataban a sus hombres constituyó una de las principales causas de tales neurosis.

Si se hubiera atendido más a la mencionada aspiración libidinosa del soldado, no habrían encontrado, probablemente, tan fácil crédito las fantásticas promesas de los catorce puntos del presidente americano, y los jefes militares alemanes, artistas de la guerra, no hubiesen visto quebrarse entre sus manos el magnífico instrumento de que disponían.

Habremos de tener en cuenta que en las dos masas artificiales de que venimos tratando —la Iglesia y el Ejército—

se halla el individuo doblemente ligado por lazos libidinosos; en primer lugar, al jefe (Cristo o el general), y, además, a los restantes individuos de la colectividad. Más adelante investigaremos las relaciones existentes entre estos dos órdenes de lazos, viendo si son o no de igual naturaleza y valor y cómo pueden ser descritos psicológicamente. Pero desde ahora creemos poder reprochar ya a los autores no haber atendido suficientemente a la importancia del director para la psicología de la masa. En cambio, nosotros nos hemos situado en condiciones más favorables, por la elección de nuestro primer objeto de investigación, y creemos haber hallado el camino que ha de conducirnos a la explicación del fenómeno fundamental de la psicología colectiva, o sea de la carencia de libertad del individuo integrado en una multitud. Si cada uno de tales individuos se halla ligado, por sólidos lazos afectivos, a dos centros diferentes, no ha de sernos difícil derivar de esta situación la modificación y la limitación de su personalidad, generalmente observadas.

El fenómeno del pánico, observable en las masas militares con mayor claridad que en ninguna otra formación colectiva, nos demuestra también que la esencia de una multitud consiste en los lazos libidinosos existentes en ella. El pánico se produce cuando tal multitud comienza a disgregarse y se caracteriza por el hecho de que las órdenes de los jefes dejan de ser obedecidas, no cuidándose ya cada individuo sino de sí mismo, sin atender para nada a los demás. Rotos así los lazos recíprocos, surge un miedo inmenso e insensato. Naturalmente, se nos objetará aquí que invertimos el orden de los fenómenos y que es el miedo el que, al crecer desmesuradamente, se impone a toda clase de lazos y consideraciones. Mac Dougall ha llegado incluso a utilizar el caso del pánico (aunque no del militar) como ejemplo modelo de su teoría de la intensificación de los afectos por contagio (*primary induction*). Pero esta explicación racionalista es absolutamente insatisfactoria, pues lo que se trata de explicar es precisamente por qué el miedo ha llegado a tomar proporciones tan gigantescas. Ello no puede atribuirse a la magnitud del peligro, pues el mismo Ejército, que en un momento dado sucumbe al pánico, puede haber arrostrado impávido, en otras ocasiones semejantes, peligros mucho mayores, y la esencia del pánico está precisamente en carecer de relación con el peligro que amenaza y desencadenarse, a veces, por causas insignificantes. Cuando el individuo integrado en una masa en la que ha surgido el pánico comienza a no pensar más que en sí mismo, demuestra con ello haberse dado cuenta del desgarramiento de los lazos afectivos que hasta entonces disminuían a sus ojos el peligro. Ahora que se encuentra ya aislado ante él, tiene que estimarlo mayor. Resulta, pues, que el miedo pánico presupone el relajamiento de la estructura libidinosa de la masa y constituye una justificada reacción al mismo, siendo errónea la hipótesis contraria de que los lazos libidinosos de la masa quedan destruidos por el miedo ante el peligro.

Estas observaciones no contradicen la afirmación de que el miedo colectivo crece hasta adquirir inmensas proporciones bajo la influencia de la inducción (contagio). Esta teoría de Mac Dougall resulta exacta en aquellos casos en los que el peligro es realmente grande y no existen en la masa sólidos lazos afectivos, circunstancias que se dan, por ejemplo, cuando en un teatro o una sala de reuniones estalla un incendio. Pero el caso más instructivo y mejor adaptado a nuestros fines es el de un Cuerpo de Ejército invadido por el pánico ante un peligro que no supera la medida ordinaria y que ha sido afrontado otras veces con perfecta serenidad. Por cierto que la palabra «pánico» no posee una determinación precisa e inequívoca. A veces se emplea para designar el miedo colectivo, otras es aplicada al miedo individual, cuando el mismo supera toda medida, y otras, por último, parece reservada a aquellos casos en los que la explosión del miedo no se muestra justificada por las circunstancias. Dándole el sentido de «miedo colectivo», podremos establecer una amplia analogía. El miedo del individuo puede ser provocado por la magnitud del peligro o por la ruptura de lazos afectivos (localizaciones de la libido). Este último caso es el de la angustia neurótica [39]. Del mismo modo se produce el pánico por la intensificación del peligro que a todos amenaza o por la ruptura de los lazos afectivos que garantizaban la cohesión de la masa, y en este último caso, la angustia colectiva presenta múltiples analogías con la angustia neurótica [40].

Viendo, como Mac Dougall, en el pánico una de las manifestaciones más características del *group mind*, se llega a la paradoja de que esta alma colectiva se disolvería por sí misma en una de sus exteriorizaciones más evidentes, pues es indudable que el pánico significa la disgregación de la multitud, teniendo por consecuencia la cesación de todas las consideraciones que antes se guardaban recíprocamente los miembros de la misma.

La causa típica de la explosión de un pánico es muy análoga a la que nos ofrece Nestroy en su parodia del drama *Judit y Holofernes*, de Hebbel. En esta parodia grita un guerrero: «El jefe ha perdido la cabeza», y todos los asirios emprenden la fuga. Sin que el peligro aumente, basta la pérdida del jefe —en cualquier sentido— para que surja el pánico. Con el lazo que los ligaba al jefe desaparecen generalmente los que ligaban a los individuos entre sí, y la masa se pulveriza como un frasquito boloñés al que se le rompe la punta.

La disgregación de una masa religiosa resulta ya más difícil de observar. Recientemente he tenido ocasión de leer una novela inglesa de espíritu católico y recomendada por el obispo de Londres —*When it was dark*—, en la que se describe con tanta destreza, a mi juicio, como exactitud tal eventualidad y sus consecuencias. El autor imagina una conspiración urdida en nuestros días por enemigos de la persona de Cristo y de la fe cristiana, que pretenden haber conseguido descubrir en Jerusalén un sepulcro con una inscripción en la cual confiesa José de Arimatea haber sustraído, por razones piadosas, tres días después de su entierro, el cadáver de Cristo, trasladándolo de su primer enterramiento a aquel otro. Este descubrimiento arqueológico significa la ruina de los dogmas de la resurrección de Cristo y de su naturaleza divina y trae consigo la conmoción de la cultura europea y un incremento extraordinario de todos los crímenes y violencias, hasta el día en que la conspiración tramada por los falsarios es descubierta y denunciada.

Lo que aparece en el curso de esta supuesta descomposición de la masa religiosa no es el miedo, para el cual falta todo pretexto, sino impulsos egoístas y hostiles a los que el amor común de Cristo hacia todos los hombres había impedido antes manifestarse [41]. Pero aun durante el reinado de Cristo hay individuos que se hallan fuera de tales lazos afectivos: aquellos que no forman parte de la comunidad de los creyentes, no aman a Cristo ni son amados por Él. Por este motivo, toda religión, aunque se denomine religión de amor, ha de ser dura y sin amor para con todos aquellos que no pertenezcan a ella. En el fondo, toda religión es una religión de amor para sus fieles y, en cambio, cruel e intolerante para aquellos que no la reconocen. Por incomprensible que pueda parecernos personalmente, no debemos reprochar demasiado al creyente su crueldad y su intolerancia, actitud que los incrédulos y los indiferentes podrán adoptar sin tropezar con obstáculo ninguno psicológico. Si tal intolerancia no se manifiesta hoy de un modo tan cruel y violento como en siglos anteriores, no hemos de ver en ello una dulcificación de las costumbres de los hombres. La causa se halla más bien en la indudable debilitación de los sentimientos religiosos y de los lazos afectivos de ellos dependientes. Cuando una distinta formación colectiva sustituye a la religiosa, como ahora parece conseguirlo la socialista, surgirá contra los que permanezcan fuera de ella la misma intolerancia que caracterizaba las luchas religiosas, y si las diferencias existentes entre las concepciones científicas pudiesen adquirir a los ojos de las multitudes una igual importancia, veríamos producirse por las mismas razones igual resultado.

6. Otros problemas y orientaciones

Hasta aquí hemos investigado dos masas artificiales y hemos hallado que aparecen dominadas por dos órdenes distintos de lazos afectivos, de los cuales los que enlazan a los individuos con el jefe se nos muestran como más decisivos —al menos para ellos— que los que enlazan a los individuos entre sí.

Ahora bien: en la morfología de las masas habría aún mucho que investigar y describir. Habría que comenzar por establecer que una simple reunión de hombres no constituye una masa, mientras no se den en ella los lazos antes mencionados, si bien tendríamos que confesar, al mismo tiempo, que en toda reunión de hombres surge muy fácilmente la tendencia a la formación de una masa psicológica. Habríamos de prestar luego atención a las diversas masas, más o menos permanentes, que se forman de un modo espontáneo, y estudiar las condiciones de su formación y de su descomposición. Ante todo, nos interesaríamos particularmente por la diferencia entre las masas que ostentan un director y aquellas que carecen de él. Así investigaríamos si las primeras no son las más primitivas y perfectas, si en las segundas no puede hallarse sustituido el director por una idea o abstracción (las masas religiosas, obedientes a una cabeza invisible, constituirán el tipo de transición), y también si una tendencia o un deseo susceptibles de ser compartidos por un gran número de personas no podrían constituir asimismo tal sustitución. La abstracción podría, a su vez, encarnar más o menos perfectamente en la persona de un director secundario, y entonces se establecerían entre el jefe y la idea relaciones muy diversas e interesantes. El director o la idea directora podrían también revestir un carácter negativo; esto es, el odio hacia una persona o una institución determinada podría actuar análogamente al afecto positivo y provocar lazos afectivos semejantes. Asimismo habríamos de preguntarnos si el director es realmente indispensable para la esencia de la masa, etc.

Pero todas estas cuestiones, algunas de las cuales han sido ya estudiadas en las obras de psicología colectiva, no consiguen apartar nuestro interés de los problemas psicológicos fundamentales que la estructura de una masa nos plantea. Y, ante todo, surge en nosotros una reflexión que nos muestra el camino más corto para llegar a la demostración de que la característica de una masa se halla en los lazos libidinosos que la entrecruzan.

Intentaremos representarnos cómo se comportan los hombres mutuamente desde el punto de vista afectivo.

Según la célebre parábola de los puercoespines ateridos (Schopenhauer: *Parerga und Paralipomena*, 2.ª parte, XXXI, «Gleichnisse und Parabeln»), ningún hombre soporta una aproximación demasiado íntima a los demás.

«En un crudo día invernal, los puercoespines de una manada se apretaron unos contra otros para prestarse mutuo calor. Pero al hacerlo así se hirieron recíprocamente con sus púas y hubieron de separarse. Obligados de nuevo a juntarse por el frío, volvieron a pincharse y a distanciarse. Estas alternativas de aproximación y alejamiento duraron hasta que les fue dado hallar una distancia media en la que ambos males resultaban mitigados.»

Conforme al testimonio del psicoanálisis, casi todas las relaciones afectivas íntimas de alguna duración entre dos personas —el matrimonio, la amistad, el amor paterno y el filial [42]— dejan un depósito de sentimientos hostiles, que precisa, para desaparecer, del proceso de la represión. Este fenómeno se nos muestra más claramente cuando vemos a dos asociados pelearse de continuo o al subordinado murmurar sin cesar contra su superior. El mismo hecho se produce cuando los hombres se reúnen para formar conjuntos más amplios. Siempre que dos familias se unen por un matrimonio, cada una de ellas se considera mejor y más distinguida que la otra. Dos ciudades vecinas serán siempre rivales, y el más insignificante cantón mirará con desprecio a los cantones limítrofes. Los grupos étnicos afines se repelen recíprocamente; el alemán del Sur no puede aguantar al del Norte; el inglés habla despectivamenmente del escocés, y el español desprecia al portugués. La aversión se hace más difícil de dominar cuanto mayores son las diferencias, y, de este modo, hemos cesado ya de extrañar la que los galos experimentan por los germanos, los arios por los semitas y los blancos por los hombres de color.

Cuando la hostilidad se dirige contra personas amadas, decimos que se trata de una ambivalencia afectiva, y nos explicamos el caso, probablemente de un modo demasiado racionalista, por los numerosos pretextos que las relaciones muy íntimas ofrecen para el nacimiento de conflictos de intereses. En los sentimientos de repulsión y de aversión que surgen sin disfraz alguno contra personas extrañas, con las cuales nos hallamos en contacto, podemos ver la expresión de un narcisismo que tiende a afirmarse y se conduce como si la menor desviación de sus propiedades y particularidades individuales implicase una crítica de las mismas y una invitación a modificarlas. Lo que no sabemos es por qué se enlaza tan grande sensibilidad a estos detalles de la diferenciación. En cambio, es innegable que esta conducta de los hombres revela una disposición al odio y una agresividad, a las cuales podemos atribuir un carácter elemental [43].

Pero toda esta intolerancia desaparece, fugitiva o duraderamente, en la masa. Mientras que la formación colectiva se mantiene, los individuos se comportan como cortados por el mismo patrón: toleran todas las particularidades de los otros, se consideran iguales a ellos y no experimentan el menor sentimiento de aversión. Según nuestras teorías, tal restricción del narcisismo no puede ser provocada sino por un solo factor: por el enlace libidinoso a otras personas. El egoísmo no encuentra un límite más que en el amor a otros, el amor a objetos [44]. Se nos preguntará aquí si la simple comunidad de intereses no habría de bastar por sí sola, y sin la intervención de elemento libidinoso alguno, para inspirar al individuo tolerancia y consideración con respecto a los demás. A esta objeción responderemos que en tal forma no puede producirse una limitación permanente del narcisismo, pues en las asociaciones de dicho género la tolerancia durará tan sólo lo que dure el provecho inmediato producido por la colaboración de los demás. Pero el valor práctico de esta cuestión es menor de lo que pudiéramos creer, pues la experiencia ha demostrado que aun en los casos de simple colaboración se establecen regularmente entre los camaradas relaciones libidinosas, que van más allá de las ventajas puramente prácticas extraídas por cada uno de la colaboración. En las relaciones sociales de los hombres volvemos a hallar aquellos hechos que la investigación psicoanalítica nos ha permitido observar en el curso del desarrollo de la libido individual. La libido se apoya en la satisfacción de las grandes necesidades individuales y elige como primeros objetos aquellas personas que en ella intervienen. En el desarrollo de la Humanidad, como en el del individuo, es el amor lo que ha revelado ser el principal factor de civilización, y aun quizá el único, determinando el paso del egoísmo al altruismo. Y tanto el amor sexual a la mujer, con la necesidad de él derivada de proteger todo lo que era grato al alma femenina como el amor desexualizado, homosexual sublimado, por otros hombres; amor que nace del trabajo común.

Así, pues, cuando observamos que en la masa surgen restricciones del egoísmo narcisista, inexistentes fuera de ella, habremos de considerar tal hecho como una prueba de que la esencia de la formación colectiva reposa en el establecimiento de nuevos lazos libidinosos entre los miembros de la misma.

El problema que aquí se nos plantea es el de cuál puede ser la naturaleza de tales nuevos lazos afectivos. En la teoría psicoanalítica de las neurosis nos hemos ocupado hasta ahora casi exclusivamente de los lazos que unen a aquellos instintos eróticos que persiguen aún fines sexuales directos, con sus objetos correspondientes. En la multitud no puede tratarse, evidentemente, de tales fines. Nos hallamos aquí ante instintos eróticos que, sin perder nada de su energía, aparecen desviados de sus fines primitivos. Ahora bien: ya dentro de los límites de la fijación sexual ordinaria a objetos hemos observado fenómenos que corresponden a una desviación del instinto de su fin sexual y los hemos descrito como grados del estado amoroso, reconociendo que comportan una cierta limitación del *yo*. En las páginas que siguen vamos a examinar con particular atención estos fenómenos del enamoramiento, con la esperanza —fundada a nuestro juicio— de deducir de ellos conclusiones aplicables a los lazos afectivos que atraviesan las masas. Además, quisiéramos averiguar si esta clase de fijación a un objeto, tal como la observamos en la vida sexual, es el único género existente de enlace afectivo a otra persona o si habremos de tener en cuenta otros mecanismos. Ahora bien: el psicoanálisis nos revela precisamente la existencia de estos otros mecanismos del enlace afectivo al descubrirnos las *identificaciones*, procesos aún insuficientemente conocidos y difíciles de descubrir, cuyo examen va a mantenernos alejados durante algún tiempo de nuestro tema principal, la psicología colectiva.

7. La identificación

La identificación es conocida en el psicoanálisis como la manifestación más temprana de un enlace afectivo a otra persona, y desempeña un importante papel en la prehistoria del complejo de Edipo. El niño manifiesta un especial interés por su padre; quisiera ser como él y remplazarlo en todo. Podemos, pues, decir que hace de su padre su ideal. Esta conducta no presenta, en absoluto, una actitud pasiva o femenina con respecto al padre (o al hombre, en general), sino que es estrictamente masculina y se concilia muy bien con el complejo de Edipo, a cuya preparación contribuye.

Simultáneamente a esta identificación con el padre o algo más tarde, comienza el niño a tomar a su madre como objeto de sus instintos libidinosos. Muestra, pues, dos órdenes de enlaces psicológicamente diferentes. Uno, francamente sexual, a la madre, y una identificación con el padre, al que considera como modelo que imitar. Estos dos enlaces coexisten durante algún tiempo sin influir ni estorbarse entre sí. Pero a medida que la vida psíquica tiende a la unificación, van aproximándose hasta acabar por encontrarse, y de esta confluencia nace el complejo de Edipo normal. El niño advierte que el padre le cierra el camino hacia la madre, y su identificación con él adquiere por este hecho un matiz hostil, terminando por fundirse en el deseo de sustituirle también cerca de la madre. La identificación es además, desde un principio, ambivalente, y puede concretarse tanto en una exteriorización cariñosa como en el deseo de supresión. Se comporta como una ramificación de la primera fase, la fase *oral* de la organización de la libido, durante la cual el sujeto se incorporaba al objeto ansiado y estimado, comiéndoselo, y al hacerlo así lo destruía. Sabido es que el caníbal ha permanecido en esta fase: ama a sus enemigos, esto es, gusta de ellos o los estima para comérselos, y no se come sino a aquellos a quienes ama desde este punto de vista [45].

Más tarde perdemos de vista los destinos de esta identificación con el padre. Puede suceder que el complejo de Edipo experimente una inversión, o sea que, adoptando el sujeto una actitud femenina, se convierta el padre en el objeto del cual esperan su satisfacción los instintos sexuales directos, y en este caso la identificación con el padre constituye la fase preliminar de su conversión en objeto sexual. Este mismo proceso preside la actitud de la hija con respecto a la madre.

No es difícil expresar en una fórmula esta diferencia entre la identificación con el padre y la elección del mismo como objeto sexual. En el primer caso, el padre es lo que se quisiera *ser*; en el segundo, lo que se quisiera *tener*. La diferencia está, pues, en que el factor interesado sea el sujeto o el objeto del *yo*. Por este motivo, la identificación es siempre posible antes de toda elección de objeto. Lo que ya resulta mucho más difícil es construir una representación metapsicológica concreta de esta diferencia. Todo lo que comprobamos es que la identificación aspira a conformar el propio *yo* análogamente al otro tomado como modelo.

En un síntoma neurótico la identificación se enlaza a un conjunto más complejo. Supongamos el caso de que la hija contrae el mismo síntoma patológico que atormenta a la madre, por ejemplo, una tos pertinaz. Pues bien: esta identificación puede resultar de dos procesos distintos. Puede ser, primeramente, la misma del complejo de Edipo, significando, por tanto, el deseo hostil de sustituir a la madre, y entonces el síntoma expresa la inclinación erótica hacia el padre y realiza la sustitución deseada, pero bajo la influencia directa de la conciencia de la culpabilidad: «¿No querías ser tu madre? Ya lo has conseguido. Por lo menos, ya experimentas sus mismos sufrimientos.» Tal es el mecanismo completo de la formación de síntomas histéricos.

Pero también puede suceder que el síntoma sea el mismo de la persona amada (así, en nuestro *Fragmento del análisis de una histeria*, imita Dora la tos de su padre), y entonces habremos de describir la situación diciendo que la *identificación ha ocupado el lugar de la elección de objeto, transformándose ésta, por regresión, en una identificación.* Sabemos ya que la identificación representa la forma más temprana y primitiva del enlace afectivo. En las condiciones que presiden la formación de síntomas y, por tanto, la represión bajo el régimen de los mecanismos de lo inconsciente, sucede con frecuencia que la elección de objeto deviene una nueva identificación, absorbiendo el *yo* las cualidades del objeto. Lo singular es que en estas identificaciones copia el *yo* unas veces a la persona no amada, y otras, en cambio, a la amada. Tiene que parecernos también extraño que en ambos casos la identificación no es sino parcial y altamente limitada, contentándose con tomar un solo rasgo de la persona-objeto.

En un tercer caso, particularmente frecuente y significativo, de formación de síntomas, la identificación se efectúa independientemente de toda actitud libidinosa con respecto a la persona copiada. Cuando, por ejemplo, una joven alumna de un pensionado recibe de su secreto amor una carta que excita sus celos y a la cual reacciona con un ataque histérico, algunas de sus amigas, conocedoras de los hechos, serán víctimas de lo que pudiéramos denominar la infección psíquica y sufrirán, a su vez, un igual ataque. El mecanismo al que aquí asistimos es el de la identificación, hecha posible por la aptitud o la voluntad de colocarse en la misma situación. Las demás pueden tener también una secreta intriga amorosa y aceptar, bajo la influencia del sentimiento de su culpabilidad, el sufrimiento con ella enlazado. Sería inexacto afirmar que es por simpatía por lo que se asimilan el síntoma de su amiga. Por lo contrario, la simpatía nace únicamente de la identificación y prueba de ello es que tal infección o imitación se produce igualmente en casos en los que entre las dos personas existe menos simpatía que la que puede suponerse entre dos condiscípulas de una pensión. Uno de los *yoes* ha advertido en el otro una importante analogía en un punto determinado (en nuestro caso se trata de un grado de sentimentalismo igualmente pronunciado); inmediatamente se produce una identificación en este punto, y bajo la influencia de la situación patógena se desplaza esta identificación hasta el síntoma producido por el *yo* imitado. La identificación por medio del síntoma señala así el punto de contacto de los dos *yoes*, punto de encuentro que debía mantenerse reprimido.

Las enseñanzas extraídas de estas tres fuentes pueden resumirse en la forma que sigue: 1.º La identificación es la forma primitiva del enlace afectivo a un objeto; 2.º Siguiendo una dirección regresiva, se convierte en sustitución de un enlace libidinoso a un objeto, como por introyección del objeto en el *yo*; y 3.º Puede surgir siempre que el sujeto descubre en sí un rasgo común con otra persona que no es objeto de sus instintos sexuales. Cuanto más importante sea tal comunidad, más perfecta y completa podrá llegar a ser la identificación parcial y constituir así el principio de un nuevo enlace.

Sospechamos ya que el enlace recíproco de los individuos de una masa es de la naturaleza de tal identificación, basada en una amplia comunidad afectiva, y podemos suponer que esta comunidad reposa en la modalidad del enlace con el caudillo. Advertimos también que estamos aún muy lejos de haber agotado el problema de la identificación y que nos hallamos ante el proceso denominado «proyección simpática» *(Einfuehlung)* por la Psicología, proceso del que depende en su mayor parte nuestra comprensión del *yo* de otras personas. Pero habiendo de limitarnos aquí a las consecuencias afectivas inmediatas de la identificación, dejaremos a un lado su significación para nuestra vida intelectual.

La investigación psicoanalítica, que también se ha ocupado ya ocasionalmente de los difíciles problemas de la psicosis, ha podido comprobar la existencia de la identificación en algunos otros casos de difícil interpretación. Expondremos aquí detalladamente dos de estos casos a título de material para nuestras ulteriores reflexiones.

La génesis del homosexualismo es, con gran frecuencia, la siguiente: el joven ha permanecido fijado a su madre, en el sentido del complejo de Edipo, durante un lapso mucho mayor del ordinario y muy intensamente. Con la pubertad llega luego el momento de cambiar a la madre por otro objeto sexual, y entonces se produce un súbito cambio de orientación: el joven no renuncia a su madre, sino que se identifica con ella, se transforma en ella y busca objetos susceptibles de remplazar a su propio *yo* y a los que amar y cuidar como él ha sido amado y cuidado por su madre. Es éste un proceso nada raro, que puede ser comprobado cuantas veces se quiera y que, naturalmente, no depende en absoluto de las hipótesis que puedan constituirse sobre la fuerza impulsiva orgánica y los motivos de tan súbita transformación. Lo más singular de está identificación es su amplitud. El *yo* queda transformado en un orden importantísimo, en el carácter sexual, conforme al modelo de aquel otro que hasta ahora constituía su objeto, quedando entonces perdido o abandonado el objeto, sin que de momento podamos entrar a discutir si el abandono es total o permanece conservado el objeto en lo inconsciente. La sustitución del objeto abandonado o perdido, por la identificación con él, o sea la introyección de este objeto en el *yo*, son hechos que ya conocemos, habiendo tenido ocasión de observarlos directamente en la vida infantil. Así, la *Internationale Zeitschrift für Psychoanalyse* ha publicado recientemente el caso de un niño que, entristecido por la muerte de un gatito, declaró ha poco ser él ahora dicho animal y comenzó a andar a cuatro patas, negándose a comer en la mesa, etc. [46].

El análisis de la melancolía, afección que cuenta entre sus causas más evidentes la pérdida real o afectiva del objeto amado, nos ofrece otro ejemplo de esta introyección del objeto. Uno de los principales caracteres de estos casos es la cruel autohumillación del *yo*, unida a una implacable autocrítica y a los más amargos reproches. El análisis ha demostrado que estos reproches y estas críticas se dirigen en el fondo contra el objeto y representan la venganza que de él toma el *yo*. La sombra del objeto ha caído sobre el *yo*, hemos dicho en otro lugar. La introyección del objeto es aquí de una evidente claridad.

Pero estas melancolías nos muestran aún algo más, que puede sernos muy importante para nuestras ulteriores consideraciones. Nos muestran al *yo* dividido en dos partes, una de las cuales combate implacablemente a la otra. Esta otra es la que ha sido transformada por la introyección, la que entraña el objeto perdido. Pero tampoco la parte que tan cruel se muestra con la anterior nos es desconocida. Encierra en sí la conciencia moral, una instancia crítica localizada en el *yo* y que también en épocas normales se ha enfrentado críticamente con el mismo, aunque nunca tan implacable e injustamente. Ya en otras ocasiones (con motivo del narcisismo, de la tristeza y de la melancolía) hemos tenido que construir la hipótesis de que en nuestro *yo* se desarrolla tal instancia que puede separarse del otro *yo* y entrar en conflicto con él. A esta instancia le dimos el nombre de *ideal del yo (Ichideal)* y le adscribimos como funciones la autoobservación, la conciencia moral, la censura onírica y la influencia principal en la represión. Dijimos también que era la heredera del narcisismo primitivo, en el cual el *yo* infantil se bastaba a sí mismo y que poco a poco iba tomando, de las influencias del medio, las exigencias que éste planteaba al *yo* y que el mismo no siempre podía satisfacer, de manera que cuando el hombre llegaba a hallarse descontento de sí mismo podía encontrar su satisfacción en el ideal del *yo*, diferenciado del *yo*. Establecimos, además, que en el delirio de autoobservación se hace evidente la descomposición de esta instancia, revelándosenos así su origen en las influencias ejercidas sobre el sujeto por las autoridades que han pesado sobre él, sus padres en primer lugar. Pero no olvidamos añadir que la distancia entre este ideal del *yo* y el *yo* actual es muy variable según los individuos, y que en muchos de ellos no sobrepasa tal diferenciación, en el seno del *yo*, los límites que presenta en el niño.

Pero antes de poder utilizar estos materiales para la inteligencia de la organización libidinosa de una masa habremos de considerar algunas otras relaciones recíprocas entre el objeto y el *yo* [47].

8. Enamoramiento e hipnosis

El lenguaje usual permanece siempre fiel a una realidad cualquiera, incluso en sus caprichos. Así designa con el nombre de «amor» muy diversas relaciones afectivas, que también nosotros reunimos teóricamente bajo tal concepto; pero dejando en duda si este amor es el genuino y verdadero, señala toda una escala de posibilidades dentro de los fenómenos amorosos, escala que no ha de sernos difícil descubrir.

En cierto número de casos, el enamoramiento no es sino un revestimiento de objeto por parte de los instintos sexuales, revestimiento encaminado a lograr una satisfacción sexual directa y que desaparece con la consecución de este fin. Esto es lo que conocemos como amor corriente o sensual. Pero sabemos muy bien que la situación libidinosa no presenta siempre esta carencia de complicación. La certidumbre de que la necesidad recién satisfecha no había de tardar en resurgir, hubo de ser el motivo inmediato de la persistencia del revestimiento del objeto sexual, aun en los intervalos en los que el sujeto no sentía la necesidad de «amar».

La singular evolución de la vida erótica humana nos ofrece un segundo factor. El niño encontró durante la primera fase de su vida, fase que se extiende hasta los cinco años, su primer objeto erótico en su madre (la niña, en su padre), y sobre este primer objeto erótico se concentraron todos sus instintos sexuales que aspiraban a hallar satisfacción. La represión ulterior impuso el renunciamiento a la mayoría de estos fines sexuales infantiles y dejó tras sí una profunda modificación de las relaciones del niño con sus padres. El niño permanece en adelante ligado a sus padres, pero con instintos a los que podemos calificar de «coartados en sus fines». Los sentimientos que desde este punto experimenta hacia tales personas amadas son calificados de «tiernos». Sabido es que las tendencias «sexuales» anteriores quedan conservadas con mayor o menor intensidad en lo inconsciente, de manera que la corriente total primitiva perdura en cierto sentido [48].

Con la pubertad surgen nuevas tendencias muy intensas, orientadas hacia los fines sexuales directos. En los casos menos favorables perduran separadas de las direcciones sentimentales «tiernas» permanentes en calidad de corriente sensual. Obtenemos entonces aquel cuadro cuyos dos aspectos han sido tan frecuentemente idealizados por determinadas orientaciones literarias. El hombre muestra apasionada inclinación hacia mujeres que le inspiran un alto respeto, pero que no le incitan al comercio amoroso, y, en cambio, sólo es potente con otras mujeres a las que no «ama», estima en poco o incluso desprecia. Pero lo más frecuente es que el joven consiga realizar en cierta medida la síntesis del amor espiritual y asexual con el amor sexual y terreno, apareciendo caracterizada su actitud con respecto al objeto sexual por la acción conjunta de instintos libres e instintos coartados en su fin. Por la parte correspondiente a los instintos de ternura coartados en su fin puede medirse el grado de enamoramiento, en oposición al de simple deseo sensual.

Dentro de este enamoramiento nos ha interesado desde un principio el fenómeno de la «superestimación sexual», esto es, el hecho de que el objeto amado queda sustraído en cierto modo a la crítica, siendo estimadas todas sus cualidades en más alto valor que cuando aún no era amado o que las de personas indiferentes. Dada una represión o retención algo eficaz de las tendencias sexuales, surge la ilusión de que el objeto es amado también sensualmente a causa de sus excelencias psíquicas, cuando, por lo contrario, es la influencia del placer sensual lo que nos ha llevado a atribuirle tales excelencias.

Lo que aquí falsea el juicio es la tendencia a la *idealización*. Pero este mismo hecho contribuye a orientarnos. Reconocemos, en efecto, que el objeto es tratado como el propio *yo* del sujeto y que en el enamoramiento pasa al objeto una parte considerable de libido narcisista. En algunas formas de la elección amorosa llega incluso a evidenciarse que el objeto sirve para sustituir un ideal propio y no alcanzado del *yo*. Amamos al objeto a causa de las perfecciones a las que hemos aspirado para nuestro propio *yo* y que quisiéramos ahora procurarnos por este rodeo para satisfacción de nuestro narcisismo.

A medida que la superestimación sexual y el enamoramiento se van acentuando, va haciéndose cada vez más fácil la interpretación del cuadro. Las tendencias que aspiran a la satisfacción sexual directa pueden sufrir una represión total, como sucede, por ejemplo, casi siempre en el apasionado amor del adolescente; el *yo* se hace cada vez menos exigente y más modesto, y, en cambio, el objeto deviene cada vez más magnífico y precioso, hasta apoderarse de todo el amor que el *yo* sentía por sí mismo, proceso que lleva, naturalmente, al sacrificio voluntario y complejo del *yo*. Puede decirse que el objeto ha devorado al *yo*. En todo enamoramiento hallamos rasgos de humanidad, una limitación del narcisismo y la tendencia a la propia minoración, rasgos que se nos muestran intensificados en los casos extremos, hasta dominar sin competencia alguna el cuadro entero por la desparición de las exigencias sensuales.

Esto se observa más particularmente en el amor desgraciado, no correspondido, pues en el amor compartido cada satisfacción sexual es seguida de una disminución de la superestimación del objeto. Simultáneamente a este «abandono» del *yo* al objeto, que no se diferencia ya del abandono sublimado a una idea abstracta, desaparecen por completo las funciones adscritas al ideal del *yo*. La crítica ejercida por esta instancia enmudece, y todo lo que el objeto hace o exige es bueno e irreprochable. La conciencia moral cesa de intervenir en cuanto se trata de algo que puede ser favorable al objeto, y en la ceguedad amorosa se llega hasta el crimen sin remordimiento. Toda la situación puede ser resumida en la siguiente fórmula: *el objeto ha ocupado el lugar del ideal del «yo».*

La diferencia entre la identificación y el enamoramiento en sus desarrollos más elevados, conocidos con los nombres de fascinación y servidumbre amorosa, resulta fácil de describir. En el primer caso el *yo* se enriquece con las cualidades del objeto, se lo «introyecta», según la expresión de Ferenczi; en el segundo se empobrece, dándose por entero al objeto y sustituyendo por él su más importante componente. De todos modos, un detenido examen nos lleva a comprobar que esta descripción muestra oposiciones inexistentes en realidad. Desde el punto de vista económico, no se trata ni de enriquecimiento ni de empobrecimiento, pues incluso el estado amoroso más extremo puede ser descrito diciendo que el *yo* se ha «introyectado» el objeto. La distinción siguiente recaerá quizá sobre puntos más esenciales: en el caso de la identificación, el objeto desaparece o queda abandonado y es reconstruido luego en el *yo*, que se modifica parcialmente, conforme al modelo del objeto perdido. En el otro caso, el objeto subsiste, pero es dotado de todas las cualidades por el *yo* y a costa del *yo*. Mas tampoco esta distinción queda libre de objeciones. ¿Es acaso indudable que la identificación presupone la cesación del revestimiento de objeto? ¿No puede muy bien haber identificación conservándose el objeto? Mas antes de entrar en la discusión de estas espinosas cuestiones presentimos ya que la esencia de la situación entraña otra alternativa: la de que *el objeto sea situado en el lugar del «yo» o en el del ideal del «yo»*.

Del enamoramiento a la hipnosis no hay gran distancia, siendo evidentes sus coincidencias. El hipnotizado da, con respecto al hipnotizador, las mismas pruebas de humilde sumisión, docilidad y ausencia de crítica que el enamorado con respecto al objeto de su amor. Compruébase asimismo en ambos el mismo renunciamiento a toda iniciativa personal. Es indudable que el hipnotizador se ha situado en el lugar ideal del *yo*. La única diferencia es que en la hipnosis se nos muestran todas estas particularidades con mayor claridad y relieve, de manera que parecerá más indicado explicar el enamoramiento por la hipnosis y no ésta por aquél. El hipnotizador es para el hipnotizado el único objeto digno de atención; todo lo demás se borra ante él. El hecho de que el *yo* experimente como en un sueño todo lo que el hipnotizador exige y afirma nos advierte que hemos omitido mencionar, entre las funciones del ideal del *yo*, el ejercicio de la prueba de la realidad. No es de extrañar que el *yo* considere como real una percepción cuando la instancia psíquica encargada de la prueba de la realidad se pronuncia por la realidad de la misma. La total ausencia de tendencias con fines sexuales no coartados contribuye a garantizar la extrema pureza de los fenómenos. La relación hipnótica es un abandono amoroso total con exclusión de toda satisfacción sexual, mientras que en el enamoramiento dicha satisfacción no se halla sino temporalmente excluida y perdura en segundo término, a título de posible fin ulterior.

Por otra parte, podemos también decir que la relación hipnótica es —si se nos permite la expresión— una formación colectiva constituida por dos personas. La hipnosis se presta mal a la comparación con la formación colectiva, por ser más bien idéntica a ella. Nos presenta aislado un elemento de la complicada estructura de la masa —la actitud del individuo de la misma con respecto al caudillo—. Por tal limitación del número se distingue la hipnosis de la formación colectiva, como se distingue del enamoramiento por la ausencia de tendencias sexuales directas. De este modo viene a ocupar un lugar intermedio entre ambos estados.

Es muy interesante observar que precisamente las tendencias sexuales coartadas en su fin son las que crean entre los hombres lazos más duraderos. Pero esto se explica fácilmente por el hecho de que no son susceptibles de una satisfacción completa, mientras que las tendencias sexuales libres experimentan una debilitación extraordinaria por la descarga que tiene efecto cada vez que el fin sexual es alcanzado. El amor sensual está destinado a extinguirse en la satisfacción. Para poder durar tiene que hallarse asociado desde un principio a componentes puramente tiernos, esto es, coartados en sus fines, o experimentar en un momento dado una transposición de este género.

La hipnosis nos revelaría fácilmente el enigma de la constitución libidinosa de una multitud si no entrañase también, por su parte, rasgos que escapan a la explicación racional intentada hasta aquí, según la cual constituiría un enamoramiento carente de tendencias sexuales directas. En la hipnosis hay, aún, en efecto, mucha parte incomprendida y de carácter místico. Una de sus particularidades consiste en una especie de parálisis resultante de la influencia ejercida por una persona omnipotente sobre un sujeto impotente y sin defensa, particularidad que nos aproxima a la hipnosis provocada en los animales por el terror. El modo de provocar la hipnosis y su relación con el sueño no son nada transparentes, y la enigmática selección de las personas apropiadas para ella, mientras que otras se muestran totalmente refractarias, nos permite suponer que en la hipnosis se encuentra realizada una condición aún desconocida, esencial para la pureza de las actitudes libidinosas. También es muy atendible el hecho de que la conciencia moral de las personas hipnotizadas puede oponer una intensa resis-

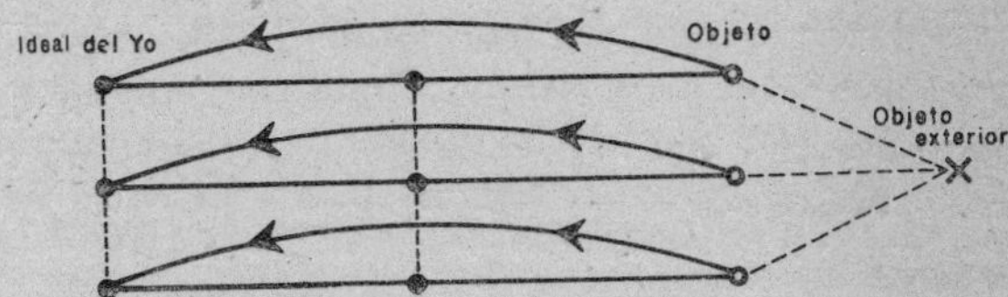

tencia simultánea a una completa docilidad sugestiva de la persona hipnotizada. Pero esto proviene quizá de que en la hipnosis, tal y como habitualmente se practica, continúa el sujeto dándose cuenta de que no se trata sino de un juego, de una reproducción ficticia de otra situación de importancia vital mucho mayor.

Las consideraciones que anteceden nos permiten, de todos modos, establecer la fórmula de la constitución libidinosa de una masa, por lo menos de aquella que hasta ahora venimos examinando, o sea de la masa que posee un caudillo y no ha adquirido aún, por una «organización» demasiado perfecta, las cualidades de un individuo. *Tal masa primaria es una reunión de individuos que han remplazado su ideal del «yo» por un mismo objeto, a consecuencia de lo cual se ha establecido entre ellos una general y recíproca identificación del «yo».* La representación gráfica de este proceso sería la de la figura anterior.

9. El instinto gregario

Nuestra ilusión de haber resuelto con la fórmula que antecede el enigma de la masa se desvanece al poco tiempo. No tardamos, efectivamente, en darnos cuenta de que en realidad no hemos hecho sino retraer el enigma de la masa al enigma de la hipnosis, el cual presenta a su vez muchos puntos oscuros. Pero una nueva reflexión nos indica el camino que ahora hemos de seguir.

Podemos decirnos que los numerosos lazos afectivos dados en la masa bastan ciertamente para explicarnos uno de sus caracteres: la falta de independencia e iniciativa del individuo, la identidad de su reacción con la de los demás, su descenso, en fin, a la categoría de unidad integrante de la multitud. Pero esta última, considerada como una totalidad, presenta aún otros caracteres: la disminución de la actividad intelectual, la afectividad exenta de todo freno, la incapacidad de moderarse y retenerse, la tendencia a transgredir todo límite en la manifestación de los afectos y a la completa derivación de éstos en actos; todos estos caracteres y otros análogos, de los que Le Bon nos ha trazado un cuadro tan impresionante, representan, sin duda alguna, una regresión de la actividad psíquica a una fase anterior en la que no extrañamos encontrar al salvaje o a los niños. Tal regresión caracteriza especialmente a las masas ordinarias, mientras que en las multitudes más organizadas y artificiales pueden quedar, como ya sabemos, considerablemente atenuados tales caracteres regresivos.

Experimentamos así la impresión de hallarnos ante una situación en la que el sentimiento individual y el acto intelectual personal son demasiado débiles para afirmarse por sí solos sin el apoyo de manifestaciones afectivas e intelectuales análogas de los demás individuos. Esto nos recuerda cuán numerosos son los fenómenos de dependencia en la sociedad humana normal, cuán escasa originalidad y cuán poco valor personal hallamos en ella y hasta qué punto se encuentra dominado el individuo por las influencias de un alma colectiva, tales como las propiedades raciales, los prejuicios de clase, la opinión pública, etc. El enigma de la influencia sugestiva se hace aún más oscuro cuando admitimos que es ejercida no sólo por el caudillo sobre todos los individuos de la masa, sino también por cada uno de éstos sobre los demás, y habremos de reprocharnos la unilateralidad con que hemos procedido al hacer resaltar casi exclusivamente la relación de los individuos de la masa con el caudillo, relegando, en cambio, a un segundo término el factor de la sugestión recíproca.

Llamados así a la modestia, nos inclinaremos a dar oídos a otra voz que nos promete una explicación basada en principios más simples. Tomamos esta explicación del inteligente libro de W. Trotter sobre el instinto gregario, lamentando tan sólo que el autor no haya conseguido sustraerse a las antipatías desencadenadas por la última gran guerra [49].

Trotter deriva los fenómenos psíquicos de la masa antes descritos de un instinto gregario *(gregariousness)* innato al hombre como a las demás especies animales. Este instinto gregario es, desde el punto de vista biológico, una analogía y como una extensión de la estructura policelular de los organismos superiores, y desde el punto de vista de la teoría de la libido, una nueva manifestación de la tendencia libidinosa de todos los seres homogéneos a reunirse en unidades cada vez más amplias [50]. El individuo se siente «incompleto» cuando está solo. La angustia del niño pequeño sería ya una manifestación de este instinto gregario. La oposición al rebaño, el cual rechaza todo lo nuevo y desacostumbrado, supone la separación de él y es, por tanto, temerosamente evitada. El instinto gregario sería algo primario y no susceptible de descomposición *(which cannot be split up)*.

Trotter considera como primarios los instintos de conservación y nutrición, el instinto sexual y el gregario.

Este último entra a veces en oposición con los demás. La conciencia de la culpabilidad y el sentimiento del deber serían las dos propiedades características del animal gregario. Del instinto gregario emanan asimismo, según Trotter, las fuerzas de represión que el psicoanálisis ha descubierto en el *yo*, y, por consiguiente, también las resistencias con las que el médico tropieza en el tratamiento psicoanalítico. El lenguaje debe su importancia al hecho de permitir la comprensión recíproca dentro del rebaño y constituiría en gran parte la base de la identificación de los individuos gregarios.

Así como Le Bon insiste particularmente sobre las formaciones colectivas pasajeras, tan características, y Mac Dougall sobre las asociaciones estables, Trotter concentra toda su atención en aquellas asociaciones más generales dentro de las cuales vive el hombre ese ζωου μολιτιςου e intenta fijar sus bases psicológicas. Considerando el instinto gregario como un instinto elemental no susceptible de descomposición, prescinde, claro está, de toda investigación de sus orígenes, y su observación de que Boris Sidis lo deriva de la sugestibilidad resulta por completo superflua, afortunadamente para él, pues se trata de una tentativa de explicación, ya rechazada en general por insuficiente, siendo, a nuestro juicio, mucho más acertada la proposición inversa, o sea la de que la sugestibilidad es producto del instinto gregario.

Contra la exposición de Trotter puede objetarse, más justificadamente aún que contra las demás, que atiende demasiado poco al papel del caudillo. En cambio, nosotros creemos imposible llegar a la comprensión de la esencia de la masa haciendo abstracción de su jefe. El instinto gregario no deja lugar alguno para el caudillo, el cual no aparecería en la masa sino casualmente. Así, pues, el instinto gregario excluye por completo la necesidad de un dios y deja al rebaño sin pastor. Por último, también puede refutarse la tesis de Trotter con ayuda de argumentos psicológicos; esto es, puede hacerse, por lo menos, verosímil la hipótesis de que el instinto gregario es susceptible de descomposición, no siendo primario en el mismo sentido que los instintos de conservación y sexual.

No es, naturalmente, nada fácil perseguir la ontogénesis del instinto gregario. El miedo que el niño pequeño experimenta cuando le dejan solo, y que Trotter considera ya como una manifestación del instinto gregario, es susceptible de otra interpretación mas verosímil. Es la expresión de un deseo insatisfecho, cuyo objeto es la madre y más tarde otra persona familiar, deseo que el niño no sabe sino transformar en angustia [51]. Esta angustia del niño que ha sido dejado solo, lejos de ser apaciguada por la aparición de un hombre cualquiera «del rebaño», es provocada o intensificada por la vista de uno de tales «extraños». Además, el niño no muestra durante mucho tiempo signo ninguno de un instinto gregario o de un sentimiento colectivo. Ambos comienzan a formarse poco a poco en la *nursery*, como efectos de las relaciones entre los niños y sus padres y precisamente a título de reacción a la envidia con la que el hijo mayor acoge en un principio la intrusión de su nuevo hermanito. El primero suprimiría celosamente al segundo, alejándole de los padres y despojándole de todos sus derechos; pero ante el hecho positivo de que también este hermanito —como todos los posteriores— es igualmente amado por los padres, y a consecuencia de la imposibilidad de mantener sin daño propio su actitud hostil, el pequeño sujeto se ve obligado a identificarse con los demás niños, y en el grupo infantil se forma entonces un sentimiento colectivo o de comunidad que luego experimenta en la escuela un desarrollo ulterior. La primera exigencia de esta formación reaccional es la justicia y trato igual para todos. Sabido es con qué fuerza y qué solidaridad se manifiesta en la escuela esta reivindicación. Ya que uno mismo no puede ser el preferido, por lo menos que nadie lo sea. Esta transformación de los celos en un sentimiento colectivo entre los niños de una familia o de una clase escolar parecería inverosímil si más tarde y en circunstancias distintas no observásemos de nuevo el mismo proceso. Recuérdese la multitud de mujeres y muchachas románticamente enamoradas de un cantante o de un pianista y que se agolpan en torno de él a la terminación de un concierto. Cada una de ellas podría experimentar justificadísimos celos de las demás; pero dado su número y la imposibilidad consiguiente de acaparar por completo al hombre amado, renuncian todas a ello, y en lugar de arrancarse mutuamente los cabellos, obran como una multitud solidaria, ofrecen su homenaje común al ídolo e incluso se consideran dichosas si pudieran distribuirse entre todas los bucles de su rizosa melena. Rivales al principio, han podido luego identificarse entre sí por el amor igual que profesan al mismo objeto. Cuando una situación instintiva es susceptible de distintos desenlaces —como sucede, en realidad, con la mayor parte de ellas—, no extrañaremos que sobrevenga aquel con el cual aparece enlazada la posibilidad de cierta satisfacción, en lugar de otro u otros que creíamos más naturales, pero a los que las circunstancias reales impiden alcanzar tal fin.

Todas aquellas manifestaciones de este orden que luego encontraremos en la sociedad —así el compañerismo, el espíritu de su cuerpo, etc.— se derivan también incontestablemente de la envidia primitiva. Nadie debe querer sobresalir; todos deben ser y obtener lo mismo. La justicia social significa que nos rehusamos a nosotros mismos muchas cosas para que también los demás tengan que renunciar a ellas, o, lo que es lo mismo, no puedan reclamarlas. Esta reivindicación de igualdad es la raíz de la conciencia social y del sentimiento del deber y se revela también de un modo totalmente inesperado en la «angustia de infección» de los sifilíticos, angustia a cuya inteligencia nos ha llevado el psicoanálisis, mostrándonos que corresponde a la violenta lucha de estos desdichados contra su deseo inconsciente de comunicar a los demás su enfermedad, pues ¿por qué han de padecer ellos solos la temible infección que tantos goces les prohíbe, mientras que otros se hallan sanos y participan de todos los placeres?

También la bella anécdota del juicio de Salomón encierra igual nódulo. «Puesto que mi hijo me ha sido arrebatado por la muerte —piensa una de las mujeres—, ¿por qué ha de conservar ésa el suyo?» Este deseo basta al rey para conocer a la mujer que ha perdido a su hijo.

Así, pues, el sentimiento social reposa en la transformación de un sentimiento primitivamente hostil en un enlace positivo de la naturaleza de una identificación. En cuanto podemos seguir el proceso de esta transformación creemos observar que se efectúa bajo la influencia de un enlace común a base de ternura, a una persona exterior a la masa. Estamos muy lejos de considerar completo nuestro análisis de la identificación; mas para nuestro objeto nos basta haber hecho resaltar la exigencia de una absoluta y consecuente igualdad.

A propósito de las dos masas artificiales, la Iglesia y el Ejército, hemos visto que su condición previa consiste en que todos sus miembros sean igualmente amados por un jefe. Ahora bien: no habremos de olvidar que la reivindicación de igualdad formulada por la masa se refiere tan sólo a los individuos que la constituyen, no al jefe. Todos los individuos quieren ser iguales, pero bajo el dominio de un caudillo. Muchos iguales capaces de identificarse entre sí y un único superior: tal es la situación que hallamos realizada en la masa dotada de vitalidad. Así, pues, nos permitiremos corregir la concepción de Trotter diciendo que más que un *animal gregario* es el hombre un *animal de horda*; esto es, un elemento constitutivo de una horda conducida por un jefe.

10. La masa y la horda primitiva

En 1912 adopté la hipótesis de Ch. Darwin, según la cual la forma primitiva de la sociedad humana habría sido la horda sometida al dominio absoluto de un poderoso macho. Intenté por entonces demostrar que los destinos de dicha horda han dejado huellas imborrables en la historia hereditaria de la Humanidad y, sobre todo, que la evolución del totemismo, que engloba los comienzos de la religión, la moral y la diferenciación social, se halla relacionada con la muerte violenta del jefe y con la transformación de la horda paterna en una comunidad fraternal [52]. Esto no es sino una nueva hipótesis que agregar a las muchas construidas por los historiadores de la Humanidad primitiva para intentar esclarecer las tinieblas de la prehistoria, una *just so story*, como la denominó muy chanceramente un amable crítico inglés (Kroeger); pero estimo ya muy honroso para una hipótesis el que, como ésta, se muestre apropiada para relacionar y explicar hechos pertenecientes a sectores cada vez más lejanos.

Ahora bien: las masas humanas nos muestran nuevamente el cuadro, ya conocido, del individuo dotado de un poder extraordinario y dominando a una multitud de individuos iguales entre sí, cuadro que corresponde exactamente a nuestra representación de la horda primitiva. La psicología de dichas masas, según nos es conocida por las descripciones repetidamente mencionadas —la desaparición de la personalidad individual consciente, la orientación de los pensamientos y los sentimientos en un mismo sentido, el predominio de la afectividad y de la vida psíquica inconsciente, la tendencia a la realización inmediata de las intenciones que puedan surgir—, toda esta psicología, repetimos, corresponde a un estado de regresión a una actividad anímica primitiva, tal y como la atribuiríamos a la horda prehistórica [53].

La masa se nos muestra, pues, como una resurrección de la horda primitiva. Así como el hombre primitivo sobrevive virtualmente en cada individuo, también toda masa humana puede reconstruir la horda primitiva. Habremos, pues, de deducir que la psicología colectiva es la psicología humana más antigua. Aquel conjunto de elementos —que hemos aislado de todo lo referente a la masa para construir la psicología individual— no se ha diferenciado de la antigua psicología colectiva sino más tarde, muy poco a poco, y aun hoy en día tan sólo parcialmente. Intentaremos todavía indicar el punto de partida de esta evolución.

La primera reflexión que surge en nuestro espíritu nos demuestra en qué punto habremos de rectificar nuestras anteriores afirmaciones. La psicología individual tiene, en efecto, que ser por lo menos tan antigua como la psicología colectiva, pues desde un principio debió de haber dos psicologías: la de los individuos componentes de la masa y la del padre, jefe o caudillo. Los individuos de la masa se hallaban enlazados unos a otros en la misma forma que hoy, mas el padre de la horda permanecía libre, y aun hallándose aislado, eran enérgicos e independientes sus actos intelectuales. Su voluntad no precisaba ser reforzada por las de otros. Deduciremos, pues, que su *yo* no se encontraba muy ligado por lazos libidinosos y que, amándose sobre todo a sí mismo, sólo amaba a los demás en tanto en cuanto le servían para la satisfacción de sus necesidades. Su *yo* no daba a los objetos más que lo estrictamente preciso.

En los albores de la historia humana fue el padre de la horda primitiva el *superhombre*, cuyo advenimiento esperaba Nietzsche en un lejano futuro. Los individuos componentes de una masa precisan todavía actualmente de la ilusión de que el jefe los ama a todos con un amor justo y equitativo, mientras que el jefe mismo no necesita amar a nadie, puede erigirse en dueño y señor y, aunque absolutamente narcisista, se halla seguro de sí mismo y goza de completa independencia. Sabemos ya que el narcisismo limita el amor, y podríamos demostrar que actuando así se ha constituido en un importantísimo factor de civilización.

El padre de la horda primitiva no era aún inmortal, como luego ha llegado a serlo por divinización. Cuando murió tuvo que ser reemplazado, y lo fue probablemente por el menor de sus hijos, que hasta entonces había sido un individuo de la masa como los demás. Debe, pues, de existir una posibilidad de transformar la psicología colectiva en psicología individual y de encontrar las condiciones en las cuales puede efectuarse tal transformación, análogamente a como resulta posible a las abejas hacer surgir de una larva, en caso de necesidad, una reina en lugar de una obrera. La única hipótesis que sobre este punto podemos edificar es la siguiente: el padre primitivo impedía a sus hijos la satisfacción de sus tendencias sexuales directas; les imponía la abstinencia y, por consiguiente, a título de derivación, el establecimiento de lazos afectivos que los ligaban a él en primer lugar, y luego los unos a los otros. Puede deducirse que les impuso la psicología colectiva y que esta psicología no es, en último análisis, sino un producto de sus celos sexuales y su intolerancia [54].

Ante su sucesor se abría la posibilidad de la satisfacción sexual, y con ella su liberación de las condiciones de la psicología colectiva. La fijación de la libido a la mujer y la posibilidad de satisfacer inmediatamente y sin aplazamiento las necesidades sexuales disminuyeron la importancia de las tendencias sexuales, coartadas en su fin, y elevaron el nivel del narcisismo. En el último capítulo de este trabajo volveremos sobre esta relación del amor con la formación del carácter.

Haremos aún resaltar como especialmente instructiva la relación existente entre la constitución de la horda primitiva y la organización, que mantiene y asegura la cohesión de una masa artificial. Ya hemos visto que el Ejército y la Iglesia reposan en la ilusión de que el jefe ama por igual a todos los individuos. Pero esto no es sino la transformación idealista de las condiciones de la horda primitiva, en la que todos los hijos se saben igualmente perseguidos por el padre, que les inspira a todos el mismo temor. Ya la forma inmediata de la sociedad humana, el clan totémico, reposa en esta transformación, que a su vez constituye la base de todos los deberes sociales. La inquebrantable fortaleza de la familia como formación colectiva natural resulta de que en ella es una realidad efectiva el amor igual del padre hacia todos los hijos.

Pero esta referencia de la masa a la horda primitiva ha de ofrecernos enseñanzas aún más interesantes. Ha de explicarnos lo que de incomprendido y misterioso queda aún en la formación colectiva; aquello que se oculta detrás de los enigmáticos conceptos de hipnosis y sugestión. Recordemos que la hipnosis lleva en sí algo inquietante y que este carácter indica siempre la existencia de una represión de algo antiguo y familiar. Recordemos igualmente que la hipnosis es un estado inducido. El hipnotizador pretende poseer un poder misterioso que despoja de su voluntad al sujeto. O lo que es lo mismo: el sujeto atribuye al hipnotizador tal poder. Esta fuerza misteriosa, a la que aún se da vulgarmente el nombre de magnetismo animal, debe de ser la misma que constituye para los primitivos la fuente del tabú, aquella misma fuerza que trasciende de los reyes y de los jefes y que pone en peligro a quienes se les acercan («mana»). El hipnotizador que afirma poseer esta fuerza la emplea ordenando al sujeto que le mire a los ojos. Hipnotiza de una manera típica por medio de la mirada. Igualmente es la vista del jefe lo que resulta peligroso e insostenible para el primitivo, como más tarde la de Dios para el creyente. Moisés se ve obligado a servir de intermediario entre Jehová y su pueblo porque este último no puede soportar la visión de Dios, y cuando vuelve del Sinaí resplandece su rostro, pues, como también sucede al intermediario de los primitivos [55], una parte del «mana» ha pasado a su persona.

La hipnosis puede ser provocada asimismo por otros medios —haciendo fijar al sujeto la mirada en un objeto brillante o escuchar un ruido monótono—, y esta circunstancia ha inducido a muchos en error, dando ocasión a teorías fisiológicas insuficientes. En realidad, estos procedimientos no sirven más que para desviar y fijar la atención consciente. Es como si el hipnotizador dijese al sujeto: «Ahora se va usted a ocupar exclusivamente de mi persona; el resto del mundo carece de todo interés.» Claro está que este discurso, pronunciado realmente por el hipnotizador, habría de ser contraproducente desde el punto de vista técnico, pues su única consecuencia sería arrancar al sujeto de su disposición inconsciente y excitarle a la contradicción consciente. Pero mientras que el hipnotizador evita atraer sobre sus intenciones el pensamiento consciente del sujeto y cae éste en una actividad en la que el mundo tiene que parecerle desprovisto de todo interés, sucede que, en realidad, concentra inconscientemente toda su atención sobre el hipnotizador, entrando en estado de transferencia con él. Los métodos indirectos del hipnotizador producen, pues, como algunas técnicas del chiste, el efecto de impedir determinadas distribuciones de la energía psíquica, que perturbarían la evolución del proceso inconsciente y conducen finalmente al mismo resultado que las influencias directas, ejercidas por la mirada o por los «pases» [56].

Ferenczi ha deducido acertadamente que con la orden de dormir, intimada al sujeto al iniciar la hipnosis, se coloca el hipnotizador en el lugar de los padres de aquél. Cree, además, distinguir dos clases de hipnosis: una, acariciadora y apaciguante, y otra, amenazadora. La primera sería la hipnosis maternal; la segunda, la hipnosis paternal [57]. Ahora bien: la orden de dormir no significa en la hipnosis sino la invitación a retraer todo interés del mundo exterior y concentrarlo en la persona del hipnotizador. Así la entiende, en efecto, el sujeto, pues esta desviación de la atención del mundo exterior constituye la característica psicológica del sueño, y en ella reposa el parentesco del sueño con el estado hipnótico.

Por medio de estos procedimientos despierta, pues, el hipnotizador una parte de la herencia arcaica del sujeto; herencia que se manifestó ya en su actitud con respecto a sus progenitores, y especialmente en su idea del padre, al que hubo de representarse como una personalidad omnipotente y peligrosa, con respecto a la cual no cabía observar sino una actitud pasiva, masoquista, renunciando a toda voluntad propia y considerando como una arriesgada audacia el hecho de arrostrar su presencia. Tal hubo de ser, indudablemente, la actitud del individuo de la horda primitiva con respecto al padre. Como ya nos lo han mostrado otras reacciones, la aptitud personal para la resurrección de tales situaciones arcaicas varía mucho de unos individuos a otros. De todos modos, el individuo puede conservar un conocimiento de que en el fondo la hipnosis no es sino un juego, una reviviscencia ilusoria de aquellas impresiones antiguas; conocimiento que basta para hacer surgir una resistencia contra las consecuencias demasiado graves de la supresión hipnótica de la voluntad.

El carácter inquietante y coercitivo de las formaciones colectivas, que se manifiesta en sus fenómenos de sugestión, puede ser atribuido, por tanto, a la afinidad de la masa con la horda primitiva, de la cual desciende. El caudillo es aún el temido padre primitivo. La masa quiere siempre ser dominada por un poder ilimitado. Ávida de autoridad, tiene, según las palabras de Gustavo Le Bon, una inagotable sed de sometimiento. El padre primitivo es el ideal de la masa, y este ideal domina al individuo, sustituyéndose a su ideal del *yo*. La hipnosis puede ser designada como una formación colectiva de sólo dos personas. Para poder aplicar esta definición a la sugestión habremos de completarla añadiendo que en dicha colectividad de dos personas es necesario que el sujeto que experimenta la sugestión posea un convencimiento no basado en la percepción ni en el razonamiento, sino en un lazo erótico [58].

11. Una fase del «yo»

Cuando pasamos a examinar la vida del individuo de nuestros días, teniendo presentes las diversas descripciones, complementarias unas de otras, que los autores nos han dado de la psicología colectiva, vemos surgir un cúmulo de complicaciones muy apropiado para desalentar toda tentativa de síntesis. Cada individuo forma parte de varias masas; se halla ligado, por identificación, en muy diversos sentidos, y ha construido su ideal del *yo* conforme a los más diferentes modelos. Participa así de muchas almas colectivas: la de su raza, su clase social, su comunidad confesional, su estado, etc., y puede, además, elevarse hasta cierto grado de originalidad e independencia. Tales formaciones colectivas, permanentes y duraderas, producen efectos uniformes, que no se imponen tan intensamente al observador como las manifestaciones de las masas pasajeras, de rápida formación, que han proporcionado a Le Bon los elementos de su brillante característica del alma colectiva, y precisamente en estas multitudes ruidosas y efímeras, superpuestas, por decirlo así, a las otras, es en las que se observa el milagro de la desaparición completa, aunque pasajera, de toda particularidad individual.

Hemos intentado explicar este milagro suponiendo que el individuo renuncia a su ideal del *yo*, trocándolo por el ideal de la masa, encarnado en el caudillo. Añadiremos, a título de rectificación, que el milagro no es igualmente grande en todos los casos. El divorcio entre el *yo* y el ideal del *yo* es, en muchos individuos, poco marcado. Ambas instancias aparecen aún casi confundidas, y el *yo* conserva todavía su anterior contento narcisista de sí mismo. La elección de caudillo queda considerablemente facilitada en estas circunstancias. Bastará que el mismo posea, con especial relieve, las cualidades típicas de tales individuos y que dé la impresión de una fuerza considerable y gran libertad libidinosa para que la necesidad de un enérgico caudillo le salga al encuentro y le revista de una omnipotencia a la que quizá no hubiese aspirado jamás. Aquellos otros individuos cuyo ideal del *yo* no encuentra en la persona del jefe una encarnación por completo satisfactoria, son arrastrados luego «sugestivamente»; esto es, por identificación.

Reconocemos que nuestra contribución al esclarecimiento de la estructura libidinosa de una masa se reduce a la distinción entre el *yo* y el ideal del *yo* y a la doble naturaleza consiguiente del ligamen —identificación y sustitución del ideal del *yo* por un objeto exterior—. La hipótesis que postula esta fase del *yo* y que, como tal, constituye el primer paso del análisis del *yo* habrá de hallar poco a poco su justificación en los sectores más diversos de la Psicología. En mi estudio *Introducción al narcisismo* he intentado reunir los datos patológicos en los que puede apoyarse la distinción mencionada, y todo nos lleva a esperar que un estudio más profundo de las psicosis ha de hacer resaltar particularmente su importancia. Basta reflexionar que el *yo* entra, a partir de este momento, en la relación de un objeto con el ideal del *yo* por él desarrollado, y que probablemente todos los efectos recíprocos desarrollados entre el objeto exterior y el *yo* total, conforme nos lo ha revelado la teoría de las neurosis, se producen ahora dentro del *yo*.

No me propongo examinar aquí sino una sola de las consecuencias posibles de este punto de vista, y con ello proseguir la aclaración de un problema que en otro lugar hube de dejar inexplicado [59]. Cada una de las diferenciaciones psíquicas descubiertas representa una dificultad más para la función anímica, aumenta su inestabilidad y puede constituir el punto de partida de un fallo de la misma; esto es, de una enfermedad. Así, el nacimiento representa el paso desde un narcisismo que se basta por completo a sí mismo a la percepción de un mundo exterior variable y al primer descubrimiento de objetos. De esta transición, demasiado radical, resulta que no somos capaces de soportar durante mucho tiempo el nuevo estado creado por el nacimiento y nos evadimos periódicamente de él, para hallar de nuevo en el sueño nuestro anterior estado de impasibilidad y aislamiento del mundo exterior. Este retorno al estado anterior resulta, ciertamente, también de una adaptación al mundo exterior, el cual, con la sucesión periódica del día y la noche, suprime por un tiempo determinado la mayor parte de las excitaciones que sobre nosotros actúan.

Un segundo caso de este género, más importante para la Patología, no aparece sometido a ninguna limitación análoga. En el curso de nuestro desarrollo hemos realizado una diferenciación de nuestra composición psíquica en un *yo* coherente y un *yo* inconsciente, reprimido exterior a él, y sabemos que la estabilidad de esta nueva adquisición se halla expuesta a incesantes conmociones. En el sueño y en la neurosis dicho *yo* desterrado intenta, por todos los medios, forzar las puertas de la conciencia, protegidas por resistencias diversas, y en el estado de salud despierta recurrimos a artificios particulares para acoger en nuestro *yo* lo reprimido, eludiendo las resistencias y experimentando un incremento de placer. El chiste, el humorismo y, en parte, también lo cómico deben ser considerados desde este punto de vista. Todo conocedor de la psicología de la neurosis recordará fácilmente numerosos ejemplos análogos, aunque de menor alcance.

Pero, dejando a un lado esta cuestión, pasaremos a la aplicación de nuestros resultados.

Podemos admitir perfectamente que la separación operada entre el *yo* y el ideal del *yo* no puede tampoco ser soportada durante mucho tiempo y ha de experimentar, de cuando en cuando, una regresión. A pesar de todas las privaciones y restricciones impuestas al *yo*, la violación periódica de las prohibiciones constituye la regla general, como nos lo demuestra la institución de las fiestas, que al principio no fueron sino períodos durante los cuales quedaban permitidos por la ley todos los excesos, circunstancia que explica su característica alegría [60]. Las saturnales de los romanos y nuestro moderno carnaval coinciden en este rasgo esencial con las fiestas de los primitivos durante las cuales se entregan los individuos a orgías en las que violan los mandamientos más sagrados.

El ideal del *yo* engloba la suma de todas las restricciones a las que el *yo* debe plegarse, y de este modo el retorno del ideal al *yo* tiene que constituir para éste, que encuentra de nuevo el contento de sí mismo, una magnífica fiesta [61].

Sabido es que hay individuos cuyo estado afectivo general oscila periódicamente, pasando desde una exagerada depresión a una sensación de extremo bienestar, a través de cierto estado intermedio.

Estas oscilaciones presentan amplitudes muy diversas, desde las más imperceptibles hasta las más extremas, como sucede en los casos de melancolía y manía, estados que atormentan o perturban profundamente la vida del sujeto atacado.

En los casos típicos de estos estados afectivos cíclicos no parecen desempeñar un papel decisivo las ocasiones exteriores. Tampoco encontramos en estos enfermos motivos internos más numerosos que en otros o diferentes de ellos.

Así, pues, se ha tomado la costumbre de considerar estos casos como no psicógenos. Más adelante trataremos de otros casos, totalmente análogos, de estados afectivos cíclicos que pueden ser reducidos con facilidad a traumas anímicos.

Las razones que determinan estas oscilaciones espontáneas de los estados afectivos son, pues, desconocidas. También ignoramos el mecanismo por el que una manía sustituye a una melancolía. Así serían éstos los enfermos a los cuales podría aplicarse nuestra hipótesis de que su ideal del *yo* se confunde periódicamente con su *yo*, después de haber ejercido sobre él un riguroso dominio.

Con el fin de evitar toda oscuridad habremos de retener lo siguiente: desde el punto de vista de nuestro análisis del *yo*, es indudable que en el maníaco el *yo* y el ideal de *yo* se hallan confundidos, de manera que el sujeto, dominado por un sentimiento de triunfo y de satisfacción, no perturbado por crítica alguna, se siente libre de toda inhibición y al abrigo de todo reproche o remordimiento. Menos evidente, pero también verosímil, es que la miseria del melancólico constituye la expresión de una oposición aguda entre ambas instancias del *yo*; oposición en la que el ideal, sensible en exceso, manifiesta implacablemente su condena del *yo* con la manía del empequeñecimiento y de la autohumillación.

Trátase únicamente de saber si la causa de estas relaciones modificadas entre el *yo* y el ideal del *yo* debe ser buscada en las rebeldías periódicas de que antes nos ocupamos, contra la nueva institución o en otras circunstancias.

La transformación en manía no constituye un rasgo indispensable del cuadro patológico de la depresión melancólica. Existen melancolías simples, de un acceso único, y melancolías periódicas, que no corren jamás tal suerte. Mas, por otro lado, hay melancolías en las que las ocasiones exteriores desempeñan un evidente papel etiológico. Así, aquellas que sobrevienen a la pérdida de un ser amado, sea por muerte, sea a consecuencia de circunstancias que han obligado a la libido a desligarse de un objeto. Del mismo modo que las melancolías espontáneas, estas melancolías psicógenas pueden transformarse en manía y retornar luego de nuevo a la melancolía, repitiéndose este ciclo varias veces. La situación resulta, pues, harto oscura, tanto más cuanto que hasta ahora sólo muy pocos casos y formas de la melancolía han sido sometidos a la investigación psicoanalítica [62]. Los únicos casos a cuya comprensión hemos llegado ya son aquellos en los que el objeto queda abandonado por haberse demostrado indigno de amor. En ellos, el objeto queda luego reconstituido en el *yo* por identificación y es severamente juzgado por el ideal del *yo*. Los reproches y ataques dirigidos contra el objeto se manifiestan entonces bajo la forma de reproches melancólicos contra la propia persona [63].

También una melancolía de este último género puede transformarse en manía, de manera que esta posibilidad representa una particularidad independiente de los demás caracteres del cuadro patológico.

No veo ninguna dificultad en introducir en la explicación de las dos clases de melancolía, las psicógenas y las espontáneas, el factor de la rebelión periódica del *yo* contra el ideal del *yo*. En las espontáneas puede admitirse que el ideal del *yo* manifiesta una tendencia a desarrollar una particular severidad, que tiene luego automáticamente por consecuencia su supresión temporal.

En las melancolías psicógenas, el *yo* sería incitado a la rebelión por el maltrato de que le hace objeto su ideal en los casos de identificación con un objeto rechazado.

12. Consideraciones suplementarias

En el curso de nuestra investigación, llegada aquí a un fin provisional, hemos visto abrirse ante nosotros diversas perspectivas muy prometedoras; mas para no desviarnos de nuestro camino principal hemos tenido que dejarlas inexploradas. En este último capítulo de nuestro estudio queremos volver sobre ellas y someterlas a una rápida investigación.

a) La distinción entre la identificación del *yo* y la sustitución del ideal del *yo* por el objeto halla una interesantísima ilustración en las dos grandes masas artificiales que antes hemos estudiado: el Ejército y la Iglesia cristiana.

Es evidente que el soldado convierte a su superior, o sea, en último análisis, al jefe del ejército, en su ideal; mientras que, por otro lado, se identifica con sus iguales y deduce de esta comunidad del *yo* las obligaciones de la camaradería, o sea el auxilio recíproco y la comunidad de bienes. Pero si intenta identificarse con el jefe, no conseguirá sino ponerse en ridículo. Así, en la primera parte del *Wallenstein*, de Schiller, se burla el soldado de Cazadores del sargento de Caballería diciéndole:

Wie er räuspert und wie er spuckt.
Das habt ihr ihm glücklich abgeguckt! [64]

No sucede lo mismo en la Iglesia católica. Cada cristiano ama a Cristo como su ideal y se halla ligado por identificación a los demás cristianos. Pero la Iglesia exige más de él. Ha de identificarse con Cristo y amar a los demás cristianos como Cristo hubo de amarlos. La Iglesia exige, pues, que la disposición libidinosa creada por la formación colectiva sea completada en dos sentidos. La identificación debe acumularse a la elección de objeto, y el amor, a la identificación. Este doble complemento sobrepasa evidentemente la constitución de la masa. Se puede ser un buen cristiano sin haber tenido jamás la idea de situarse en el lugar de Cristo y extender, como Él, su amor a todos los humanos. El hombre, débil criatura, no puede pretender elevarse a la grandeza de alma y a la capacidad de amor de Cristo. Pero este desarrollo de la distribución de la libido en la masa es probablemente el factor en el cual funda el cristianismo su pretensión de haber conseguido una moral superior.

b) Dijimos que era posible determinar, en el desarrollo psíquico de la Humanidad, el momento en el que el individuo pasó desde la psicología colectiva a la psicología individual[65].

Para aclarar esta afirmación habremos de volver rápidamente sobre el mito científico relativo al padre de la horda primitiva, el cual fue elevado más tarde a la categoría de Creador del mundo, elevación plenamente justificada, puesto que fue quien engendró a todos los hijos que compusieron la primera multitud. Para cada uno de estos hijos constituyó el padre el ideal, a la vez temido y venerado, fuente de la noción ulterior de tabú. Mas un día se asociaron, mataron al padre y le despedazaron. Sin embargo, ninguno de ellos pudo ocupar el puesto del vencido, y si alguno intentó hacerlo, vio alzarse contra él la misma hostilidad, renovándose las luchas, hasta que todos se convencieron de que tenían que renunciar a la herencia del padre. Entonces constituyeron la comunidad fraternal totémica, cuyos miembros gozaban todos de los mismos derechos y se hallaban sometidos a las prohibiciones totémicas que debían conservar el recuerdo del crimen e imponer su expiación. Pero este nuevo orden de cosas provocó también el descontento general, del cual surgió una nueva evolución. Poco a poco, los miembros de la masa fraternal se aproximaron al restablecimiento del antiguo estado conforme a un nuevo plan. El hombre asumió otra vez la jefatura, pero sólo la de una familia, y acabó con los privilegios del régimen matriarcal, instaurado después de la supresión del padre. A título de compensación reconoció quizá entonces las divinidades maternales, servidas por sacerdotes que sufrían la castración para garantía de la madre y conforme al ejemplo dado antes por el padre. Sin embargo, la nueva familia no fue sino una sombra de la antigua, pues siendo muchos los padres, quedaba limitada la libertad de cada uno por los derechos de los demás. El descontento provocado por estas privaciones pudo decidir entonces a un individuo a separarse de la masa y asumir el papel de padre. El que hizo esto fue el primer poeta épico, y el progreso en cuestión no se realizó sino en su fantasía. Este poeta transformó la realidad en el sentido de sus deseos e inventó así el mito heroico. El héroe era aquel que sin auxilio ninguno había matado al padre, el cual aparece aún en el mito como un monstruo totémico. Así como el padre había sido el primer ideal del adolescente, el poeta creó ahora, con el héroe que aspira a suplantar al padre, el primer ideal del *yo*. La idea del héroe se enlaza probablemente con la personalidad del más joven de los hijos, el cual, preferido por la madre y protegido por ella contra los celos paternos, era el que sucedía al padre en la época primitiva. La elaboración poética de las realidades de estas épocas transformó probablemente a la mujer, que no había sido sino el premio de la lucha y la razón del asesinato, en instigadora y cómplice activa del mismo.

El mito atribuye exclusivamente al héroe la hazaña que hubo de ser obra de la horda entera. Pero, según ha observado Rank, la leyenda conserva huellas muy claras de la situación real, poéticamente desfigurada. Sucede en ella con frecuencia, efectivamente, que el héroe que ha de realizar una magna empresa —generalmente, el hijo menor, que ante el subrogado del padre se ha fingido muchas veces idiota; esto es, inofensivo— no consigue llevarla a cabo sino con ayuda de una multitud de animalitos (abejas, hormigas). Estos animales no serían sino la representación simbólica de los hermanos de la horda primitiva, del mismo modo que en el simbolismo del sueño los insectos y los parásitos representan a los hermanos y hermanas del sujeto (considerados despectivamente como niños pequeños). Además, en cada una de las empresas de que hablan los mitos y las fábulas puede reconocerse fácilmente una sustitución del hecho heroico.

Así, pues, el mito constituye el paso con el que el individuo se separa de la psicología colectiva. El primer mito fue seguramente de orden psicológico, el mito del héroe. El mito explicativo de la Naturaleza no surgió sino más tarde. El poeta que dio este paso y se separó así, imaginativamente, de la multitud sabe, sin embargo, hallar en la realidad, según otra observación de Rank, el retorno a ella, yendo a relatar a la masa las hazañas que su imaginación atribuye a un héroe por él inventado, héroe que en el fondo no es sino él mismo. De este modo retorna el poeta a la realidad, elevando a sus oyentes a la altura de su imaginación. Pero los oyentes saben comprender al poeta y pueden identificarse con el héroe merced al hecho de compartir su actitud, llena de deseos irrealizados, con respecto al padre primitivo [66].

La mentira del mito heroico culmina en la divinización del héroe. Es muy posible que el héroe divinizado sea anterior al dios-padre y constituya el precursor del retorno del padre primitivo como divinidad. Las divinidades se habrían, pues, sucedido en el siguiente orden cronológico: diosa madre —héroe—, dios padre. Pero hasta la elevación del padre primitivo, jamás olvidado, no adquirió la divinidad los rasgos que hoy nos muestra [67].

c) Hemos hablado con frecuencia en el curso del presente trabajo de instintos sexuales directos y de instintos sexuales coartados en su fin, y esperamos que esta distinción no haya hecho surgir en el lector demasiadas objeciones. Sin embargo, creemos conveniente volver aquí sobre ella más detenidamente, aun a riesgo de repetir lo ya expuesto en otros lugares.

El primero y más acabado ejemplo de instintos sexuales coartados en su fin nos ha sido ofrecido por la evolución de la libido en el niño. Todos los sentimientos que el niño experimenta por sus padres y guardadores perduran, sin limitación alguna, en los deseos que exteriorizan sus tendencias sexuales. El niño exige de estas personas amadas todas las ternuras que le son conocidas; quiere besarlas, tocarlas y contemplarlas; abriga la curiosidad de ver sus órganos genitales y asistir a la realización de sus más íntimas funciones; promete casarse con su madre o con su niñera, cualquiera que sea la idea que se forme del matrimonio; se propone tener un hijo de su padre, etc. Tanto la observación directa como el examen analítico ulterior de los restos infantiles no dejan lugar a dudas sobre la coexistencia de sentimientos tiernos y celosos e intenciones sexuales, y nos muestran hasta qué punto hace el niño de la persona amada el objeto de todas sus tendencias sexuales, aún mal centradas [68].

Esta primera forma que el amor reviste en el niño, y que se relaciona íntimamente con el complejo de Edipo, sucumbe, como ya sabemos, al iniciarse el período de latencia, bajo el imperio de la represión, no quedando de ella sino un enlace afectivo puramente tierno a las mismas personas, enlace que ya no puede ser calificado de «sexual». El psicoanálisis, que ilumina las profundidades de la vida anímica, demuestra sin dificultad que también los enlaces sexuales de los primeros años infantiles continúan subsistiendo, aunque reprimidos e inconscientes, y nos autorizan a afirmar que todo sentimiento tierno constituye la sucesión de un enlace plenamente «sensual» a la persona correspondiente a su representación simbólica (imago). Desde luego, es necesaria una investigación especial para comprobar si en un caso dado subsiste aún esta corriente sexual anterior en estado de represión o si ha desaparecido por completo. O precisando más: está demostrado que dicha corriente existe aún como forma y posibilidad, y es susceptible de ser activada en cualquier momento a consecuencia de una regresión; trátase únicamente de saber —y no siempre lo conseguimos— cuáles son su carga y su eficacia actuales. En esta investigación habremos de evitar por igual dos escollos: la estimación insuficiente de lo inconsciente reprimido y la tendencia a aplicar a lo normal el criterio que aplicamos a lo patológico.

Ante la Psicología, que no quiere o no puede penetrar en las profundidades de lo reprimido, se presentan los movimientos afectivos de carácter tierno como expresión de tendencias exentas de todo carácter sexual, aunque hayan surgido de otras cuyo fin era la sexualidad [69].

Podemos afirmar con todo derecho que tales tendencias han sido desviadas de dichos fines sexuales, aunque resulte difícil describir esta desviación del fin conforme a las exigencias de la Metapsicología. De todos modos, estos instintos, coartados en su fin, conservan aún algunos de sus fines sexuales primitivos. El hombre afectivo, el amigo y el admirador buscan también la proximidad corporal y la vista de la persona amada, pero con un amor de sentido «pauliniano». Podemos ver en esta desviación del fin un principio de *sublimación* de los instintos sexuales, o también alejar aún más los límites de estos últimos. Los instintos sexuales coartados presentan una gran ventaja funcional sobre los no coartados. No siendo susceptibles de una satisfacción total, resultan particularmente apropiados para crear enlaces duraderos, mientras que los instintos sexuales directos pierden después de cada satisfacción una gran parte de su energía, y en el intervalo entre esta debilitación y su renacimiento por una nueva acumulación de libido el objeto puede ser remplazado por otro. Los instintos coartados pueden mezclarse en cualquier medida con los no coartados y retornar a éstos después de haber surgido de ellos. Sabido es con cuánta facilidad las relaciones afectivas de carácter amistoso, fundadas en el reconocimiento y la admiración —así las que se establecen entre el maestro y las discípulas o entre el artista y sus admiradoras—, se transforman, sobre todo en la mujer, en deseos eróticos (recuérdese el *Embrassez-moi pour l'amour du grec* de Molière). El nacimiento mismo de estos enlaces afectivos, nada intencionados al principio, abre un camino muy frecuentado a la elección sexual del objeto. En la *Piedad del conde de Zinzendorf* ha mostrado Pfister, con un ejemplo impresionante, y que no es seguramente el único, la facilidad con que un intenso ligamen religioso se transforma en ardiente deseo sexual. Por otro lado, la transformación de tendencias sexuales directas efímeras de por sí en lazos duraderos simplemente tiernos es un hecho corriente, y la consolidación de los matrimonios contraídos bajo los auspicios de un apasionado amor reposa casi por completo en esta transformación.

No extrañaremos averiguar que las tendencias sexuales coartadas en su fin surgen de las directamente sexuales cuando obtáculos interiores o exteriores se oponen a la consecución de los fines sexuales. La represión que tienen, en efecto, en el período de latencia es uno de tales obstáculos interiores. Dijimos antes que el padre de la horda primitiva, con su intolerancia sexual, condenaba a todos sus hijos a la abstinencia, imponiéndoles así enlaces coartados en su fin, mientras que por su parte se reservaba el libre placer sexual, y permanecía de este modo independiente de todo ligamen. Todos los enlaces en los que reposa la masa son de la naturaleza de los instintos coartados en su fin. Pero con esto nos hemos aproximado a la discusión de un nuevo tema: a la relación de los instintos sexuales directos con la formación colectiva.

d) Las dos últimas observaciones nos dejan ya entrever que las tendencias sexuales directas son desfavorables para la formación colectiva. En el curso de la evolución de la familia ha habido ciertamente relaciones sexuales colectivas (el matrimonio de grupo); pero cuanto más importante se fue haciendo para el *yo* el amor sexual, y más capaz de amor el individuo, más tendió éste a la limitación del amor a dos personas —una *cum* uno—; limitación que parece prescrita por la modalidad del fin genital. Las inclinaciones poligámicas hubieron de contentarse con la sucesiva sustitución de un objeto por otro.

Las dos personas, reunidas para lograr la satisfacción sexual, constituyen, por su deseo de soledad, un argumento viviente contra el instinto gregario y el sentimiento colectivo. Cuanto más enamoradas están, más completamente se bastan. La repulsa de la influencia de la masa se exterioriza como sentimiento de pudor. Las violentas emociones suscitadas por los celos sirven para proteger la elección sexual de objeto contra la influencia que sobre ella pudiera ejercer un ligamen colectivo. Sólo cuando el factor tierno y, por tanto, personal de la relación amorosa desaparece por completo ante el factor sexual, es cuando se hace posible el público comercio amoroso de una pareja o la realización de actos sexuales simultáneos dentro de un grupo, como sucede en la orgía. Pero con ello se efectúa una regresión a un estado anterior de las relaciones sexuales, en el cual no desempeñaba aún papel ninguno el amor propiamente dicho y se daba igual valor a todos los objetos sexuales, aproximadamente en el sentido de la maligna frase de Bernard Shaw: «Estar enamorado significa exagerar desmesuradamente la diferencia entre una mujer y otra.»

Existen numerosos hechos que testimonian que el enamoramiento no apareció sino bastante tarde en las relaciones sexuales entre el hombre y la mujer, resultando así que también la oposición entre el amor sexual y el ligamen colectivo se habría desarrollado tardíamente. Esta hipótesis puede parecer a primera vista incompatible con nuestro mito de la familia primitiva. Según él, la horda fraternal hubo de ser incitada al parricidio por el amor hacia las madres y las hermanas, y es difícil representarse este amor de otro modo que como un amor primitivo y completo; esto es, como una íntima unión de amor tierno y amor sexual. Pero reflexionando más detenidamente, hallamos que esta objeción no es en el fondo sino una confirmación. Una de las reacciones provocadas por el parricidio fue la institución de la exogamia totémica, la prohibición de todo contacto sexual con las mujeres de la familia, amadas desde la niñez. De este modo se operó una escisión entre los sentimientos tiernos y los sentimientos sensuales del hombre, escisión cuyos efectos se hacen sentir aún en nuestros días. A consecuencia de esta exogamia se vio obligado el hombre a satisfacer sus necesidades sexuales con mujeres extrañas a él y que no le inspiraban amor ninguno.

En las grandes masas artificiales, la Iglesia y el Ejército, no existe lugar ninguno para la mujer como objeto sexual. La relación amorosa entre el hombre y la mujer queda fuera de estas organizaciones. Incluso en las multitudes integradas por hombres y mujeres no desempeñan papel ninguno las diferencias sexuales. Carece de todo sentido preguntar si la libido que mantiene la cohesión de las multitudes es de naturaleza homosexual o heterosexual, pues la masa no se halla diferenciada según los sexos y hace abstracción particularmente de los fines de la organización genital de la libido.

Las tendencias sexuales directas conservan cierto carácter de individualidad aun en el individuo absorbido por la masa. Cuando esta individualidad sobrepasa cierto grado, la formación colectiva queda disgregada. La Iglesia católica tuvo los mejores motivos para recomendar a sus fieles el celibato e imponerlo a sus sacerdotes, pero también el amor ha inducido a muchos eclesiásticos a salir de la Iglesia. Del mismo modo, el amor a la mujer rompe los lazos colectivos de la raza, la nacionalidad y la clase social y lleva así a cabo una importantísima labor de civilización. Parece indiscutible que el amor homosexual se adapta mejor a los lazos colectivos, incluso allí donde aparece como una tendencia sexual no coartada, hecho singular cuya explicación nos llevaría muy lejos.

El examen psicoanalítico de las psiconeurosis nos ha enseñado que sus síntomas se derivan de tendencias sexuales reprimidas, pero que permanecen en actividad. Podemos completar esta fórmula añadiendo: estos síntomas pueden también derivarse de tendencias sexuales coartadas en su fin, pero coartadas de un modo incompleto o que hace posible un retorno al fin sexual reprimido. Esta circunstancia explica el que la neurosis haga asocial al individuo, extrayéndole de las formaciones colectivas habituales. Puede decirse que la neurosis es para las multitudes un factor de disgregación en el mismo grado que el amor. Así observamos inversamente que siempre que se manifiesta una enérgica tendencia a la formación colectiva se atenúan las neurosis e incluso llegan a desaparecer, por lo menos durante algún tiempo. Se ha intentado, pues, justificadamente utilizar con un fin terapéutico esta oposición entre la neurosis y la formación colectiva. Incluso aquellos que no lamentan la desaparición de las ilusiones religiosas en el mundo civilizado moderno convendrán en que, mientras tales ilusiones conservaron su fuerza, constituyeron, para los que vivían bajo su dominio, la más enérgica protección contra el peligro de la neurosis. No es tampoco difícil reconocer en todas las adhesiones a sectas o comunidades místico-religiosas o filosófico-místicas la manifestación del deseo de hallar un remedio indirecto contra diversas neurosis. Todo esto se relaciona con la oposición entre tendencias sexuales directas y tendencias sexuales coartadas en su fin.

Abandonado a sí mismo, el neurótico se ve obligado a sustituir las grandes formaciones colectivas, de las que se halla excluido, por sus propias formaciones sintomáticas. Se crea su propio mundo imaginario, su religión y su sistema de delirio y reproduce así las instituciones de la Humanidad en un aspecto desfigurado que delata la poderosa contribución aportada por las tendencias sexuales directas [70].

e) Antes de terminar esbozaremos, situándonos en el punto de vista de la libido, un cuadro comparativo de los diversos estados de que nos hemos ocupado: el enamoramiento, la hipnosis, la formación colectiva y la neurosis.

El *enamoramiento* reposa en la coexistencia de tendencias sexuales directas y tendencias sexuales coartadas en su fin, atrayendo así el objeto una parte de la libido narcisista del *yo*. En este estado no caben sino el *yo* y el objeto.

La *hipnosis* comparte con el enamoramiento la limitación a tales dos personas —el objeto y el *yo*—, pero reposa totalmente en tendencias sexuales coartadas en su fin y coloca el objeto en el lugar del ideal del *yo*.

La *masa* multiplica este proceso, coincide con la hipnosis en la naturaleza de los instintos que mantienen su cohesión y en la sustitución del ideal del *yo* por el objeto, pero agrega a ello la identificación con otros individuos, facilitada, quizá primitivamente, por la igualdad de la actitud con respecto al objeto.

Estos dos últimos estados, la hipnosis y la formación colectiva, son residuos hereditarios de la filogénesis de la libido humana; la hipnosis habría subsistido como disposición, y la masa, además, como supervivencia directa. La sustitución de las tendencias sexuales directas por las coartadas favorece en estos dos estados la separación entre el *yo* y el ideal del *yo*; separación que se inició ya en el enamoramiento.

La *neurosis* se separa de esta serie. También ella reposa en una particularidad de la evolución de la libido humana: en la doble articulación de la función sexual directa interrumpida por el período de latencia. En este aspecto comparte con la hipnosis y la formación colectiva el carácter regresivo, del que carece el enamoramiento. Se produce siempre que el paso de los instintos sexuales directos a los instintos sexuales coartados no ha podido efectuarse totalmente, y corresponde a un *conflicto* entre los instintos acogidos en el *yo* que han efectuado tal evolución y las fracciones de dichos mismos instintos que, desde lo inconsciente reprimido —y al igual de otros movimientos instintivos totalmente reprimidos—, tienden a su satisfacción directa. La neurosis posee un contenido muy rico, pues entraña todas las relaciones posibles entre el *yo* y el objeto, tanto aquellas en las que el objeto es conservado como aquellas en las que es abandonado o erigido en el *yo*, y por otro lado, las relaciones emanadas de conflictos entre el *yo* y el ideal del *yo*.

Más allá del principio del placer

Uno

En la teoría psicoanalítica suponemos que el curso de los procesos anímicos es regulado automáticamente por el principio del placer; esto es, creemos que dicho curso tiene su origen en una tensión displaciente y emprende luego una dirección tal, que su último resultado coincide con una minoración de dicha tensión y, por tanto, con un ahorro de displacer o una producción de placer. Al aplicar esta hipótesis al examen de los procesos anímicos por nosotros estudiados introducimos en nuestra labor el punto de vista económico. Una exposición que, al lado de los factores *tópico* y *dinámico*, intente incluir asimismo el *económico* ha de ser la más completa que por el momento pueda presentarse y merece la calificación de *metapsicológica*.

No presenta interés alguno para nosotros investigar hasta qué punto nos hemos aproximado o agregado, con la fijación del principio del placer, a un sistema filosófico determinado e históricamente definido. Lo que a estas hipótesis especulativas nos hace llegar es el deseo de describir y comunicar los hechos que diariamente observamos en nuestra labor.

La prioridad y la originalidad no pertenecen a los fines hacia los que tiende la labor psicoanalítica, y los datos en los que se basa el establecimiento del mencionado principio son tan visibles, que apenas si es posible dejarlos pasar inadvertidos. En cambio, nos agregaríamos gustosos a una teoría filosófica o psicológica que supiera decirnos cuál es la significación de las sensaciones de placer y displacer, para nosotros tan imperativas; pero, desgraciadamente, no existe ninguna teoría de este género que sea totalmente admisible.

Trátase del sector más oscuro e impenetrable de la vida anímica, y ya que no podemos eludir su investigación, opino que debe dejársenos en completa libertad para construir sobre él aquellas hipótesis que nuestra experiencia nos presente como más probables. Hemos resuelto relacionar el placer y el displacer con la cantidad de excitación existente en la vida anímica, excitación no ligada a factor alguno determinado, correspondiendo el displacer a una elevación y el placer a una disminución de tal cantidad. No pensamos con ello en una simple relación entre la fuerza de las sensaciones y las transformaciones a las que son atribuidas y, mucho menos —conforme a toda la experiencia de la Psicofisiología—, en una proporcionalidad directa; probablemente, el factor decisivo, en cuanto a la sensación, es la medida del aumento o la disminución en el tiempo. Esto sería, quizá, comprobable experimentalmente; mas para nosotros, analíticos, no es aceptable el internarnos más en estos problemas, mientras no puedan guiarnos observaciones perfectamente definidas.

Sin embargo, no puede sernos indiferente ver que un investigador tan penetrante como G. Th. Fechner adopta una concepción del placer y el displacer coincidente en esencia con la que nosotros hemos deducido de nuestra labor psicoanalítica. Las manifestaciones de Fechner sobre esta materia se hallan contenidas en un fascículo titulado *Algunas ideas sobre la historia de la creación y evolución de los organismos*, y su texto es el siguiente: «En cuanto los impulsos conscientes se hallan siempre en relación con placer o displacer, puede también suponerse a estos últimos en una relación psicofísica con estados de estabilidad e inestabilidad, pudiendo fundarse sobre esta base la hipótesis, que más adelante desarrollaré detalladamente, de que cada movimiento psicofísico que traspasa el umbral de la conciencia se halla tanto más revestido de placer cuanto más se acerca a la completa estabilidad, a partir de determinado límite, o de displacer cuanto más se aleja de la misma, partiendo de otro límite distinto. Entre ambos límites, y como umbral cualitativo de las fronteras del placer y el displacer, existe cierta extensión de indiferencia estética...»

Los hechos que nos han movido a opinar que la vida psíquica es regida por el principio del placer, hallan también su expresión en la hipótesis de que una de las tendencias del aparato anímico es la de conservar lo más baja posible o, por lo menos, constante la cantidad de excitación en él existente. Esta hipótesis viene a expresar en una forma distinta la misma cosa, pues si la labor del aparato anímico se dirige a mantener baja la cantidad de excitación, todo lo apropiado para elevarla tiene que ser sentido como antifuncional; esto es, como displaciente. El principio del placer se deriva del principio de la constancia, el cual, en realidad, fue deducido de los mismos hechos que nos obligaron a la aceptación del primero. Profundizando en la materia hallaremos que esta tendencia, por nosotros supuesta, del aparato anímico cae, como un caso especial, dentro del principio de Fechner de la *tendencia a la estabilidad*, con el cual ha relacionado este investigador las sensaciones de placer y displacer.

Mas fuérzanos el decir ahora que es inexacto hablar de un dominio del principio del placer sobre el curso de los procesos psíquicos. Si tal dominio existiese, la mayor parte de nuestros procesos psíquicos tendría que presentarse acompañada de placer o conducir a él, lo cual queda enérgicamente contradicho por la experiencia general. Existe, efectivamente, en el alma fuerte tendencia al principio del placer; pero a esta tendencia se oponen, en cambio, otras fuerzas o estados determinados, y de tal manera, que el resultado final no puede corresponder siempre a ella. Comparemos aquí otra observación de Fechner sobre este mismo punto (*l. c.*, página 90): «Dado que la tendencia hacia el fin no supone todavía el alcance del mismo, y dado que el fin no es, en realidad, alcanzable sino aproximadamente...» Si ahora dirigimos nuestra atención al problema de cuáles son las circunstancias que pueden frustrar la victoria del principio del placer, nos hallaremos de nuevo en terreno conocido y seguro y podremos utilizar, para su solución, nuestra experiencia analítica, que nos proporciona rico acervo de datos.

El primer caso de tal inhibición del principio del placer nos es conocido como normal. Sabemos que el principio del placer corresponde a un funcionamiento primario del aparato anímico y que es inútil, y hasta peligroso en alto grado, para la autoafirmación del organismo frente a las dificultades del mundo exterior. Bajo el influjo del instinto de conservación del *yo* queda sustituido el principio del placer por el *principio de la realidad*, que, sin abandonar el propósito de una final consecución del placer, exige y logra el aplazamiento de la satisfacción y el renunciamiento a algunas de las posibilidades de alcanzarla, y nos fuerza a aceptar pacientemente el displacer durante el largo rodeo necesario para llegar al placer. El principio del placer continúa aún, por largo tiempo, rigiendo el funcionamiento del instinto sexual, más difícilmente «educable», y partiendo de este último o en el mismo *yo*, llega a dominar al principio de la realidad, para daño del organismo entero.

No puede, sin embargo, hacerse responsable a la sustitución del principio del placer por el principio de la realidad más que de una pequeña parte, y no la más intensa, ciertamente de las sensaciones de displacer. Otra fuente no menos normal de la génesis del displacer surge de los conflictos y disociaciones que tienen lugar en el aparato psíquico mientras el *yo* verifica su evolución hasta organizaciones de superior complejidad. Casi toda la energía que llena el aparato procede de los impulsos instintivos que le son inherentes, mas no todos ellos son admitidos a las mismas fases evolutivas. Algunos instintos o parte de ellos demuestran ser incompatibles, por sus fines o aspiraciones, con los demás, los cuales pueden reunirse formando la unidad del *yo*. Dichos instintos incompatibles son separados de esta unidad por el proceso de la represión, retenidos en grados más bajos del desarrollo psíquico y privados, al principio de la posibilidad de una satisfacción. Si entonces consiguen —cosa en extremo fácil para los instintos sexuales reprimidos— llegar por caminos indirectos a una satisfacción directa o sustitutiva, este éxito, que en otras condiciones hubiese constituido una posibilidad de placer, es sentido por el *yo* como displacer. A consecuencia del primitivo conflicto, al que puso término la represión, experimenta el principio del placer una nueva fractura, que tiene lugar, precisamente, mientras determinados instintos se hallan dedicados, conforme al principio mismo, a la consecución de nuevo placer. Los detalles del proceso por medio del cual transforma la represión una posibilidad de placer en una fuente de displacer no han sido aún bien comprendidos o no pueden describirse claramente; pero, con seguridad, todo displacer neurótico es de esta naturaleza: placer que no puede ser sentido como tal[1].

No todas nuestras sensaciones de displacer, ni siquiera la mayoría, pueden ser atribuidas a las dos fuentes de displacer antes consignadas; pero de aquellas cuyo origen es distinto podemos, desde luego, afirmar con cierta justificación que no contradicen la vigencia del principio del placer. La mayoría del displacer que experimentamos es, ciertamente, displacer de percepción, percepción del esfuerzo de instintos insatisfechos o percepción exterior, ya por ser esta última penosa en sí o por excitar en el aparato anímico expectaciones llenas de displacer y ser reconocida como un «peligro» por el mismo. La reacción a estas aspiraciones instintivas y a estas amenazas de peligro, reacción en la que se manifiesta la verdadera actividad del aparato psíquico, puede ser entonces dirigida en una forma correcta por el principio del placer o por el principio de la realidad, que lo modifica. Con esto no parece necesario reconocer mayor limitación del principio del placer, y, sin embargo, precisamente, la investigación de la reacción anímica al peligro exterior puede proporcionar nueva materia y nuevas interrogaciones al problema aquí tratado.

Dos

Después de graves conmociones mecánicas, tales como choques de trenes y otros accidentes en los que existe peligro de muerte, suele aparecer una perturbación, ha largo tiempo conocida y descrita, a la que se ha dado el nombre de «neurosis traumática». La espantosa guerra que acaba de llegar a su fin ha hecho surgir una gran cantidad de estos casos y ha puesto término a los intentos de atribuir dicha enfermedad a una lesión del sistema nervioso producida por una violencia mecánica [2]. El cuadro de la neurosis traumática se acerca al de la histeria por su riqueza en análogos síntomas motores, mas lo supera en general por los acusados signos de padecimiento subjetivo, semejantes a los que presentan los melancólicos o hipocondríacos, y por las pruebas de más amplia astenia general y mayor quebranto de las funciones anímicas. No se ha llegado todavía a una completa inteligencia de las neurosis de guerra, ni tampoco de las neurosis traumáticas de los tiempos de paz. En las primeras parecía aclarar en parte la cuestión, complicándola, en cambio, por otro lado el hecho de que el mismo cuadro patológico aparecía en ocasiones sin que hubiera tenido lugar violencia mecánica alguna. En la neurosis traumática corriente resaltan dos rasgos, que se pueden tomar como puntos de partida de la reflexión: primeramente, el hecho de que el factor capital de la motivación parece ser la sorpresa; esto es, el sobresalto o susto experimentado, y en segundo lugar, que una contusión o herida recibida simultáneamente actúa en contra de la formación de la neurosis. Susto, miedo y angustia son términos que se usan erróneamente como sinónimos, pues pueden diferenciarse muy precisamente según su relación al peligro. La angustia constituye un estado semejante a la expectación del peligro y preparación para el mismo, aunque nos sea desconocido. El miedo reclama un objeto determinado que nos lo inspire. En cambio, el susto constituye aquel estado que nos invade bruscamente cuando se nos presenta un peligro que no esperamos y para el que no estamos preparados; acentúa, pues, el factor sorpresa. No creo que la angustia pueda originar una neurosis traumática; en ella hay algo que protege contra el susto y, por tanto, también contra la neurosis de sobresalto. Más adelante volveremos sobre esta cuestión.

El estudio del sueño debe ser considerado como el camino más seguro para la investigación de los más profundos procesos anímicos. Y la vida onírica de la neurosis traumática muestra el carácter de reintegrar de continuo al enfermo a la situación del accidente sufrido, haciéndole despertar con nuevo sobresalto. Este singular carácter posee mayor importancia de la que se le concede generalmente, suponiéndolo tan sólo una prueba de la violencia de la impresión producida por el suceso traumático, la cual perseguiría al enfermo hasta sus mismos sueños. El enfermo hallaríase, pues, por decirlo así, psíquicamente fijado al trauma. Tales fijaciones al suceso que ha desencadenado la enfermedad nos son ha largo tiempo conocidas en la histeria.

Ya en 1893 hacíamos observar Breuer y yo en nuestro libro sobre esta neurosis que los histéricos sufren de reminiscencias. Ultimamente, investigadores como Ferenczi y Simmel han podido también explicar algunos síntomas motores de las neurosis de guerra por la fijación del trauma.

Mas por mi parte no he podido comprobar que los enfermos de neurosis traumática se ocupen mucho en su vida despierta del accidente sufrido. Quizá más bien se esfuerzan en no pensar en él. El aceptar como cosa natural que el sueño nocturno les reintegre a la situación patógena supone desconocer la verdadera naturaleza del sueño, conforme a la cual lo que el mismo habría de presentar al paciente serían imágenes de la esperada curación o de la época en que gozaba de salud. Si los sueños de los enfermos de neurosis traumática no nos han de hacer negar la tendencia realizadora de deseos de la vida onírica, deberemos acogernos a la hipótesis de que, como tantas otras funciones, también la de los sueños ha sido conmocionada por el trauma y apartada de sus intenciones, o, en último caso, recordar las misteriosas tendencias masoquistas del *yo*.

Abandonemos por ahora el oscuro y sombrío tema de la neurosis traumática para dedicarnos a estudiar el funcionamiento del aparato anímico en una de sus más tempranas actividades normales. Me refiero a los juegos infantiles.

Las diversas teorías sobre el juego infantil han sido reunidas y estudiadas analíticamente por vez primera en un ensayo de S. Pfeifer, publicado en la revista *Imago* (vol. IV); ensayo que recomiendo a los que por la materia en él tratada se interesen. Dichas teorías se esfuerzan en adivinar los motivos del jugar infantil, sin tener en cuenta en primer término el punto de vista económico, la consecución de placer. Aunque sin propósito de abarcar la totalidad de estos fenómenos, he aprovechado una ocasión que se me ofreció de esclarecer el primer juego, de propia creación, de un niño de año y medio. Fue ésta una observación harto detenida, pues viví durante algunas semanas con el niño y sus padres bajo el mismo techo, y pasaron muchos días hasta que el misterioso manejo del pequeño, incansablemente repetido durante largo tiempo, me descubriera su sentido.

No presentaba este niño un precoz desarrollo intelectual; al año y medio apenas si pronunciaba algunas palabras comprensibles, y fuera de ellas disponía de varios sonidos significativos que eran comprendidos por las personas que le rodeaban. Pero, en cambio, se hallaba en excelentes relaciones con sus padres y con la única criada que tenía a su servicio, y era muy elogiado su *juicioso carácter*. No perturbaba por las noches el sueño de sus padres, obedecía concienzudamente a las prohibiciones de tocar determinados objetos o entrar en ciertas habitaciones, y sobre todo no lloraba nunca cuando su madre le abandonaba por varias horas, a pesar de la gran ternura que le demostraba. La madre no sólo le había criado, sino que continuaba ocupándose constantemente de él casi sin auxilio ninguno ajeno. El excelente chiquillo mostraba tan sólo la perturbadora costumbre de arrojar lejos de sí, a un rincón del cuarto, bajo una cama o en sitios análogos, todos aquellos pequeños objetos de que podía apoderarse, de manera que el hallazgo de sus juguetes no resultaba a veces nada fácil. Mientras ejecutaba el manejo descrito solía producir, con expresión interesada y satisfecha, un agudo y largo sonido, o-o-o-o, que, a juicio de la madre y mío, no correspondía a una interjección, sino que significaba *fuera (fort)*. Observé, por último, que todo aquello era un juego inventado por el niño y que éste no utilizaba sus juguetes más que para jugar con ellos a *estar fuera*. Más tarde presencié algo que confirmó mi suposición. El niño tenía un carrete de madera atado a una cuerdecita, y no se le ocurrió jamás llevarlo arrastrando por el suelo, esto es, *jugar al coche*, sino que, teniéndolo sujeto por el extremo de la cuerda, lo arrojaba con gran habilidad por encima de la barandilla de su cuna, forrada de tela, haciéndolo desaparecer detrás de la misma. Lanzaba entonces su significativo o-o-o-o, y tiraba luego de la cuerda hasta sacar el carrete de la cuna, saludando su reaparición con un alegre «aquí». Este era, pues, el juego completo: desaparición y reaparición, juego del cual no se llevaba casi nunca a cabo más que la primera parte, la cual era incansablemente repetida por sí sola, a pesar de que el mayor placer estaba indudablemente ligado al segundo acto [3].

La interpretación del juego quedaba así facilitada. Hallábase el mismo en conexión con la más importante función de cultura del niño, esto es, con la renuncia al instinto (renuncia a la satisfacción del instinto) por él llevada a cabo al permitir sin resistencia alguna la marcha de la madre. El niño se resarcía en el acto poniendo en escena la misma desaparición y retorno con los objetos que a su alcance encontraba. Para la valoración afectiva de este juego es indiferente que el niño lo inventara por sí mismo o se lo apropiara a consecuencia de un estímulo exterior. Nuestro interés se dirigía ahora hacia otro punto. La marcha de la madre no puede ser de ningún modo agradable, ni siquiera indiferente, para el niño. ¿Cómo, pues, está de acuerdo con el principio del placer el hecho de que el niño repita como un juego el suceso penoso para él? Se querrá quizá responder que la marcha tenía que ser representada como condición preliminar de la alegre reaparición y que en esta última se hallaba la verdadera intención del juego; pero esto queda contradicho por la observación de que la primera parte, la marcha, era representada por sí sola como juego y, además, con mucha mayor frecuencia que la totalidad llevada hasta su regocijado final.

El análisis de un solo caso de este género no autoriza para establecer conclusión alguna. Considerándolo imparcialmente, se experimenta la impresión de que ha sido otro el motivo por el cual el niño ha convertido en juego el suceso desagradable. En éste representaba el niño un papel pasivo, era el objeto del suceso, papel que trueca por el activo repitiendo el suceso, a pesar de ser penoso para él como juego. Este impulso podría atribuirse a un instinto de dominio, que se hace independiente de que el recuerdo fuera o no penoso en sí. Puede intentarse también otra interpretación diferente. El arrojar el objeto de modo que desapareciese o quedase *fuera* podía ser asimismo la satisfacción de un reprimido impulso vengativo contra la madre por haberse separado del niño y significar el enfado de éste: «Te puedes ir, no te necesito. Soy yo mismo el que te echa.» Este mismo niño, cuyo primer juego observé yo cuando tenía año y medio, acostumbraba un año después, al enfadarse contra alguno de sus juguetes, arrojarlo contra el suelo, diciendo: « Vete a la gue(rra)a » Le habían dicho que el padre, ausente, se hallaba en la guerra, y el niño no le echaba de menos, sino que, por el contrario, manifestaba claros signos de que no quería ser estorbado en la exclusiva posesión de la madre [4]. Sabemos también de otros niños que suelen expresar análogos sentimientos hostiles arrojando al suelo objetos que para ellos representan a las personas odiadas [5]. Llégase así a sospechar que el impulso a elaborar psíquicamente algo impresionante, consiguiendo de este modo su total dominio, puede llegar a manifestarse primariamente y con independencia del principio del placer. En el caso aquí discutido, la única razón de que el niño repitiera como juego una impresión desagradable era la de que a dicha repetición se enlazaba una consecución de placer de distinto género, pero más directa.

Una más amplia observación de los juegos infantiles no hace tampoco cesar nuestra vacilación entre tales dos hipótesis. Se ve que los niños repiten en sus juegos todo aquello que en la vida les ha causado una intensa impresión y que de este modo procuran un exutorio a la energía de la misma, haciéndose, por decirlo así, dueños de la situación. Pero, por otro lado, vemos con suficiente claridad que todo juego infantil se halla bajo la influencia del deseo dominante en esta edad: el de ser grandes y poder hacer lo que los *mayores*. Obsérvese asimismo que el carácter desagradable del suceso no siempre hace a éste utilizable como juego. Cuando el médico ha reconocido la garganta del niño o le ha hecho sufrir alguna pequeña operación, es seguro que este suceso aterrorizante se convertirá en seguida en el contenido de un juego. Mas no debemos dejar de tener en cuenta otra fuente de placer muy distinta de la anteriormente señalada. Al pasar el niño de la pasividad del suceso a la actividad del juego hace sufrir a cualquiera de sus camaradas la sensación desagradable por él experimentada, vengándose así en aquél de la persona que se la infirió.

De toda esta discusión resulta que es innecesaria la hipótesis de un especial instinto de imitación como motivo del juego. Agregaremos tan sólo la indicación de que la imitación y el juego artístico de los adultos, que, a diferencia de los infantiles, van dirigidos ya hacia espectadores, no ahorran a éstos las impresiones más dolorosas —así en la tragedia—, las cuales, sin embargo, pueden ser sentidas por ellos como un elevado placer. De este modo llegamos a la convicción de que también bajo el dominio del principio del placer existen medios y caminos suficientes para convertir en objeto del recuerdo y de la elaboración psíquica lo desagradable en sí. Quizá con estos casos y situaciones, que tienden a una final consecución de placer, pueda construirse una estética económicamente orientada; mas para nuestras intenciones no nos son nada útiles, pues presuponen la existencia y el régimen del principio del placer y no testimonian nada en favor de la actuación de tendencias más allá del mismo, esto es, de tendencias más primitivas que él e independientes de él en absoluto.

Tres

Resultado de veinticinco años de intensa labor ha sido que los fines próximos de la técnica psicoanalítica sean hoy muy otros que los de su principio. En los albores de nuestra técnica el médico analítico no podía aspirar a otra cosa que a adivinar lo inconsciente oculto para el enfermo, reunirlo y comunicárselo en el momento debido. El psicoanálisis era ante todo una ciencia de interpretación. Mas dado que la cuestión terapéutica no quedaba así por completo resuelta, apareció un nuevo propósito: el de forzar al enfermo a confirmar la construcción por medio de su propio recuerdo. En esta labor la cuestión principal se hallaba en vencer las resistencias del enfermo, y el arte consistía en descubrirlas lo antes posible, mostrárselas al paciente y moverle por un influjo personal —sugestión actuante como *transferencia*— a hacer cesar las resistencias.

Hízose entonces cada vez más claro que el fin propuesto, el de hacer consciente lo inconsciente, no podía tampoco ser totalmente alcanzado por este camino. El enfermo puede no recordar todo lo en él reprimido, puede no recordar precisamente lo más importante y de este modo no llegar a convencerse de la exactitud de la construcción que se le comunica, quedando obligado a *repetir* lo reprimido, como un suceso actual, en vez de —según el médico desearía— *recordarlo* cual un trozo del pasado. Esta reproducción, que aparece con fidelidad indeseada, entraña siempre como contenido un fragmento de la vida sexual infantil y, por tanto, del complejo de Edipo y de sus ramificaciones y tiene lugar siempre dentro de la transferencia; esto es, de la relación con el médico. Llegado a este punto el tratamiento, puede decirse que la neurosis primitiva ha sido sustituida por una nueva neurosis de transferencia. El médico se ha esforzado en limitar la extensión de esta segunda neurosis, hacer entrar lo más posible en el recuerdo y permitir lo menos posible la repetición. La relación que se establece entre el recuerdo y la reproducción es distinta para cada caso. Generalmente no puede el médico ahorrar al analizado esta fase de la cura y tiene que dejarle que viva de nuevo un cierto trozo de su olvidada vida, cuidando de que conserve una cierta superioridad, mediante la cual la aparente realidad sea siempre reconocida como reflejo de un olvidado pretérito. Conseguido esto, queda logrado el convencimiento del enfermo y el éxito terapéutico que del mismo depende.

Para hallar más comprensible esta *obsesión de repetición (Wiederholungszwang)* que se manifiesta en el tratamiento psicoanalítico de los neuróticos, hay que libertarse ante todo del error que supone creer que en la lucha contra las resistencias se combate contra una resistencia de lo inconsciente. Lo inconsciente, esto es, lo reprimido, no presenta resistencia alguna a la labor curativa; no tiende por sí mismo a otra cosa que a abrirse paso hasta la conciencia o a hallar un exutorio por medio del acto real, venciendo la coerción a que se halla sometido.

La resistencia procede en la cura de los mismos estratos y sistemas superiores de la vida psíquica que llevaron a cabo anteriormente la represión. Mas como los motivos de las resistencias y hasta estas mismas son —según nos demuestra la experiencia— inconscientes al principio de la cura, tenemos que modificar y perfeccionar un defecto de nuestro modo de expresarnos. Escaparemos a la falta de claridad oponiendo uno a otro, en lugar de lo consciente y lo inconsciente, el *yo coherente* y *lo reprimido*. Mucha parte del *yo* es seguramente inconsciente, sobre todo aquella que no puede denominarse el nódulo del *yo*, y de la cual sólo un escaso sector queda comprendido en lo que denominamos *preconsciente*. Tras de esta sustitución de una expresión puramente descriptiva por otra sistemática o dinámica, podemos decir que la resistencia del analizado parte de su *yo*, y entonces vemos en seguida que la obsesión de repetición debe atribuirse a lo reprimido inconsciente, material que no podía probablemente exteriorizarse hasta que la labor terapéutica hubiera debilitado la represión.

Es indudablemente que la resistencia del *yo* consciente y preconsciente se halla al servicio del principio del placer, pues se trata de ahorrar el displacer que sería causado por la libertad de lo reprimido. Así, nuestra labor será la de conseguir la admisión de tal displacer haciendo una llamada al principio de la realidad. Mas, ¿en qué relación con el principio del placer se halla la obsesión de repetición en la que se manifiesta la energía de lo reprimido? Es incontestable que la mayor parte de lo que la obsesión de repetición hace vivir de nuevo tiene que producir disgustos al *yo*, pues saca a la superficie funciones de los sentimientos reprimidos; mas es éste un displacer que, como ya hemos visto, no contradice al principio del placer: displacer para un sistema y al mismo tiempo satisfacción para otro. Un nuevo hecho singular es el de que la obsesión de repetición reproduce también sucesos del pasado que no traen consigo posibilidad ninguna de placer y que cuando tuvieron lugar no constituyeron una satisfacción ni siquiera fueron desde entonces sentimientos instintivos reprimidos.

La primera flor de la vida sexual infantil se hallaba destinada a sucumbir a consecuencia de la incompatibilidad de sus deseos con la realidad y de la insuficiencia del grado de evolución infantil, y, en efecto, sucumbió entre las más dolorosas sensaciones. La pérdida de amor y el fracaso dejaron tras sí una duradera influencia del sentido del *yo*, como una cicatriz narcisista que, a mi juicio, conforme en un todo con los estudios de Marcinowski [6], constituye la mayor aportación al frecuente *sentimiento de inferioridad (Minderwertigkeitsgefuhl)* de los neuróticos. La investigación sexual, limitada por el incompleto desarrollo físico del niño, no consiguió llegar a conclusión alguna satisfactoria. De aquí el lamento posterior: «No puedo conseguir nada; todo me sale mal.» La tierna adhesión a uno de los progenitores, casi siempre al de sexo contrario, sucumbió al desengaño, a la inútil espera de satisfacción y a los celos provocados por el nacimiento de un hermanito, que demostró inequívocamente la infidelidad de la persona amada; el intento emprendido con trágica gravedad de crear por sí mismo un niño semejante, fracasó de un modo vergonzoso; la minoración de la ternura que antes rodeaba al niño, las más elevadas exigencias de la educación, las palabras severas y algún castigo, le descubrieron, por último, el *desprecio* de que era víctima. Existen aquí algunos tipos, que retornan regularmente, de cómo queda puesto fin al amor típico de esta época infantil.

Todas estas dolorosas situaciones afectivas y todos estos sucesos indeseados son resucitados con gran habilidad y repetidos por los neuróticos en la transferencia. El enfermo tiende entonces a la interrupción de la cura, aún no terminada, y sabe crearse de nuevo la impresión de desprecio, obligando al médico a dirigirle duras palabras y a tratarle con frialdad; halla los objetos apropiados para sus celos y sustituye el ansiado niño de la época primitiva por el propósito o la promesa de un gran regalo, que en la mayoría de los casos llega a ser tan real como aquél. Nada de esto podía ser anteriormente portador de placer; mas surgiendo luego como recuerdo, hay que suponer que debería traer consigo un menor displacer que cuando constituyó un suceso presente. Trátase, naturalmente, de la acción de instintos que debían llevar a la satisfacción; pero la experiencia de que en lugar de esto llevaron anteriormente tan sólo el displacer, no ha servido de nada, y su acción es repetida por imposición obsesiva.

Lo mismo que el psicoanálisis nos muestra en los fenómenos de transferencia de los neuróticos, puede hallarse de nuevo en la vida de personas no neuróticas, y hace en las mismas la impresión de un destino que las persigue, de una influencia demoníaca que rige su vida. El psicoanálisis ha considerado desde un principio tal destino como preparado, en su mayor parte, por la persona misma y determinado por tempranas influencias infantiles. La obsesión que en ello se muestra no se diferencia de la de repetición de los neuróticos, aunque tales personas no hayan ofrecido nunca señales de un conflicto neurótico resuelto por la formación de síntomas. De este modo conocemos individuos en los que toda relación humana llega a igual desenlace: filántropos a los que todos sus protegidos, por diferente que sea su carácter, abandonan irremisiblemente, con enfado, al cabo de cierto tiempo, pareciendo así destinados a saborear todas las amarguras de la ingratitud; hombres en los que toda amistad termina por la traición del amigo;

personas que repiten varias veces en su vida el hecho de elevar como autoridad sobre sí mismas, o públicamente, a otra persona, a la que tras algún tiempo derrocan para elegir a otra nueva; amantes cuya relación con las mujeres pasa siempre por las mismas fases y llega al mismo desenlace. No nos maravilla en exceso este «perpetuo retorno de lo mismo» cuando se trata de una conducta activa del sujeto y cuando hallamos el rasgo característico permanente de su ser, que tiene que manifestarse en la repetición de los mismos actos. Mas, en cambio, sí nos extrañamos en aquellos casos en que los sucesos parecen hallarse fuera de toda posible influencia del sujeto y éste pasa una y otra vez pasivamente por la repetición del mismo destino. Piénsese, por ejemplo, en la historia de aquella mujer que, casada tres veces, vio al poco tiempo y sucesivamente enfermar a sus tres maridos y tuvo que cuidarlos hasta su muerte [7]. La exposición poética más emocionante de tal destino ha sido compuesta por el Tasso en su epopeya romántica *La Jerusalén libertada*. El héroe Tancredo ha dado muerte, sin saberlo, a su amada Clorinda, que combatió con él revestida con la armadura de un caballero enemigo. Después de su entierro penetra Tancredo en un inquietante bosque encantado que infunde temor al ejército de los cruzados, y abate en él con su espada un alto árbol, de cuya herida mana sangre, y surge la voz de Clorinda, acusándole de haber dañado de nuevo a la amada.

Estos datos, que en la observación del destino de los hombres y de su conducta en la transferencia hemos hallado, nos hacen suponer que en la vida anímica existe realmente una obsesión de repetición que va más allá del principio del placer y a la cual nos inclinamos ahora a atribuir los sueños de los enfermos de neurosis traumáticas y los juegos de los niños. Mas, de todos modos, debemos decirnos que solo en raros casos podemos observar los efectos de la obsesión de repetición por sí solos y sin la ayuda de otros motivos.

En los juegos infantiles hemos hecho ya resaltar qué otras interpretaciones permite su génesis. La obsesión de repetición y la satisfacción instintiva directa y acompañada de placer parecen confundirse aquí en una íntima comunidad. Los fenómenos de la transferencia se hallan claramente al servicio de la resistencia por parte del *yo*, que, obstinado en la represión y deseoso de no quebrantar el principio del placer, llama en su auxilio a la obsesión de repetición.

De lo que pudiéramos llamar fuerza del Destino nos parece gran parte comprensible por la reflexión racional, de manera que no se siente la necesidad de establecer un nuevo y misterioso motivo. Los menos sospechosos son los casos de los sueños de traumas; pero una más detenida reflexión nos hace confesar que tampoco en los otros ejemplos queda explicado el estado de cosas por la función de los motivos que conocemos.

Queda suficiente resto que justifica nuestra hipótesis de la obsesión de repetición, la cual parece ser más primitiva, elemental e instintiva que el principio del placer al que se sustituye. Mas si en la vida anímica existe tal obsesión de repetición, quisiéramos saber algo de ella, a qué función corresponde, bajo qué condiciones puede surgir y en qué relación se halla con el principio del placer, al que hasta ahora habíamos atribuido el dominio sobre el curso de los procesos de excitación en la vida psíquica.

Cuatro

Lo que sigue es pura especulación y a veces harto extremada, que el lector aceptará o rechazará según su posición particular en estas materias. Constituye, además, un intento de perseguir y agotar una idea, por curiosidad de ver hasta dónde nos llevará.

La especulación psicoanalítica deduce de las impresiones experimentadas en la investigación de los procesos inconscientes el hecho de que la conciencia no puede ser un carácter general de los procesos anímicos, sino tan sólo una función especial de los mismos. Así, afirma usando un tecnicismo metapsicológico, que la *conciencia* es la función de un sistema especial al que denomina sistema *Cc.* Dado que la conciencia procura esencialmente *percepciones* de estímulos procedentes del mundo exterior y sensaciones de placer y displacer que no pueden provenir más que del interior del aparato anímico, podemos atribuir al sistema *P-Cc.* una localización. Tiene que hallarse situado en la frontera entre el exterior y el interior, estar vuelto hacia el mundo exterior y envolver a los otros sistemas psíquicos. Observamos entonces que con estas afirmaciones no hemos expuesto nada nuevo, sino que nos hemos agregado a la anatomía localizante del cerebro, que coloca la «sede» de la conciencia en la corteza cerebral, en la capa exterior envolvente del órgano central. La anatomía del cerebro no necesita preocuparse de por qué —anatómicamente hablando— se halla situada la conciencia precisamente en la superficie del cerebro, en lugar de morar, cuidadosamente preservada, en lo más íntimo del mismo. Quizá con nuestra hipótesis de tal situación de nuestro sistema *P-Cc.* logremos un mayor esclarecimiento.

La conciencia no es la única peculiaridad que atribuimos a los procesos que tienen lugar en este sistema. Basándonos en las impresiones de nuestra experiencia psicoanalítica, suponemos que todos los procesos excitantes que se desarrollan en los demás sistemas dejan en éste huellas duraderas como fundamento de la memoria, esto es, restos mnémicos que no tienen nada que ver con la conciencia y que son con frecuencia más fuertes y permanentes cuando el proceso del que han nacido no ha llegado jamás a la conciencia. Pero nos es difícil creer que tales huellas duraderas de la excitación se produzcan también en el sistema *P-Cc.* Si permanecieran siempre conscientes, limitarían pronto la actitud del sistema para la recepción de nuevas excitaciones [8]; en el caso contrario, esto es, siendo inconscientes, nos plantearían el problema de explicar la existencia de procesos inconscientes en un sistema cuyo funcionamiento va en todo lo demás acompañado del fenómeno de la conciencia. No habríamos, pues, transformado la situación ni ganado nada con la hipótesis que sitúa el devenir consciente en un sistema especial. Aunque no como consecuencia obligada, podemos, pues, suponer que la conciencia y la impresión de una huella mnémica son incompatibles para el mismo sistema. Podríamos, por tanto, decir que en el sistema *Cc.* se hace consciente el proceso excitante, mas no deja huella duradera alguna. Todas las huellas de dicho proceso, en las cuales se apoya el recuerdo, se producirían en los vecinos sistemas internos al propagarse a ellos la excitación. En este sentido se halla inspirado el esquema incluido por mí en la parte especulativa de mi *Interpretación de los sueños.* Si se piensa cuán poco hemos logrado averiguar, por otros caminos, sobre la génesis de la conciencia, tendremos que atribuir al principio de que *la conciencia se forma en lugar de la huella mnémica,* por lo menos, la significación de una afirmación determinada de un modo cualquiera.

El sistema *Cc.* se caracterizaría, pues, por la peculiaridad de que el proceso de la excitación no deja en él, como en todos los demás sistemas psíquicos, una transformación duradera de sus elementos, sino que se gasta, desde luego, en el fenómeno del devenir consciente. Tal desviación de la regla general tiene que ser motivada por un factor privativo de este sistema y que puede ser muy bien la situación ya expuesta del sistema *Cc.*, esto es, su inmediata proximidad al mundo exterior.

Representémonos, pues, el organismo viviente en su máxima simplificación posible, como una vesícula indiferenciada de sustancia excitable. Entonces su superficie, vuelta hacia el mundo exterior, quedará diferenciada por su situación misma y servirá de órgano receptor de las excitaciones. La embriología, como repetición de la historia evolutiva, muestra también que el sistema nervioso central surge del ectodermo, y como la corteza cerebral gris es una modificación de la superficie primitiva, podremos suponer que haya adquirido, por herencia, esenciales caracteres de la misma. Sería entonces fácilmente imaginable que por el incesante ataque de las excitaciones exteriores sobre la superficie de la vesícula quedase modificada su sustancia duraderamente hasta cierta profundidad, de manera que su proceso de excitación se verificaría en ella de distinto modo que en las capas más profundas. Formaríase así una corteza tan calcinada finalmente por el efecto de las excitaciones, que presentaría las condiciones más favorables para la recepción de las mismas y no sería ya susceptible de nuevas modificaciones. Aplicado esto al sistema *Cc.*, supondría que sus elementos no pueden experimentar cambio alguno duradero al ser atravesados por la excitación, pues se hallan modificados en tal sentido hasta el último límite. Mas, llegados a tal punto, se hallarían ya capacitados para dejar constituirse a la conciencia. Muy diversas concepciones podemos formarnos de qué es en lo que consiste esta modificación de la sustancia y del proceso de excitación que en ella se verifica; pero ninguna de nuestras hipótesis es por ahora demostrable. Puede aceptarse que la excitación tiene que vencer una resistencia en su paso de un elemento a otro, y este vencimiento de la resistencia dejaría precisamente la huella temporal de la excitación. En el sistema *Cc.* no existiría ya tal resistencia al paso de un elemento a otro. Con esta concepción puede hacerse coincidir la diferenciación de Breuer de *carga psíquica (Besetzungsenergie)* en reposo (ligada) y carga psíquica libremente móvil en los elementos de los sistemas psíquicos. Entonces los elementos del sistema *Cc.* poseerían tan sólo energía capaz de un libre curso y no energía ligada. Mas creo que, por lo pronto, es mejor dejar indeterminadas tales circunstancias. De todos modos, habremos establecido en estas especulaciones una cierta conexión entre la génesis de la conciencia y la situación del sistema *Cc.* y las peculiaridades del proceso de excitación a él atribuibles.

Aún nos queda algo por explicar en la vesícula viviente y su capa cortical receptora de estímulos. Este trocito de sustancia viva flota en medio de un mundo exterior cargado de las más fuertes energías, y sería destruido por los efectos excitantes del mismo si no estuviese provisto de un *dispositivo protector contra las excitaciones (Reizschutz)*. Este dispositivo queda constituido por el hecho de que la superficie exterior de la vesícula pierde la estructura propia de lo viviente, se hace hasta cierto punto anorgánica y actúa entonces como una especial envoltura o membrana que detiene las excitaciones, esto es, hace que las energías del mundo exterior no puedan propagarse sino con sólo una mínima parte de su intensidad hasta las vecinas capas que han conservado su vitalidad. Sólo detrás de tal protección pueden dichas capas consagrarse a la recepción de las cantidades de energía restantes. La capa exterior ha protegido con su propia muerte a todas las demás, más profundas, de un análogo destino, por lo menos hasta tanto que aparezcan excitaciones de tal energía que destruyan la protección. Para el organismo vivo, la defensa contra las excitaciones es una labor casi más importante que la recepción de las mismas. El organismo posee una provisión de energía propia y tiene que tender, sobre todo, a preservar las formas especiales de la transformación de energía que en él tienen lugar contra el influjo nivelador y, por tanto, destructor de las energías excesivamente fuertes que laboran en el exterior. La recepción de excitaciones sirve, ante todo, a la intención de averiguar la dirección y naturaleza de las excitaciones exteriores, y para ello le basta con tomar pequeñas muestras del mundo exterior como prueba.

En los organismos más elevados se ha retraído ha mucho tiempo a las profundidades del cuerpo la capa cortical, receptora de excitaciones, de la célula primitiva; pero partes de ella han quedado en la superficie, inmediatamente debajo del general dispositivo protector. Son estas partes los órganos de los sentidos, que contienen dispositivos para la recepción de excitaciones específicas, pero que además poseen otros dispositivos especiales destinados a una nueva protección contra cantidades excesivas de excitación y a detener los estímulos de naturaleza desmesurada. Constituye una característica de estos órganos el hecho de no elaborar más que escasas cantidades del mundo exterior, no tomando de él sino pequeñas pruebas. Quizá pudieran compararse a tentáculos que palpan el mundo exterior y se retiran después siempre de él.

Me permitiré, al llegar a este punto, rozar rápidamente un tema que merecería ser fundamentalmente tratado. El principio kantiano de que el tiempo y el espacio son dos formas necesarias de nuestro pensamiento, hoy puede ser sometido a discusión como consecuencia de ciertos descubrimientos psicoanalíticos. Hemos visto que los procesos anímicos inconscientes se hallan en sí «fuera del tiempo». Esto quiere decir, en primer lugar, que no pueden ser ordenados temporalmente, que el tiempo no cambia nada en ellos y que no se les puede aplicar la idea de tiempo. Tales caracteres negativos aparecen con toda claridad al comparar los procesos anímicos inconscientes con los conscientes. Nuestra abstracta idea del tiempo parece más bien basada en el funcionamiento del sistema *P-Cc.* y correspondiente a una autopercepción del mismo. En este funcionamiento del sistema aparecería otro medio de protección contra las excitaciones. Sé que todas estas afirmaciones parecerán harto oscuras; mas por ahora nos es imposible acompañarlas de explicación alguna.

Hasta aquí hemos expuesto que la vesícula viva se halla provista de un dispositivo protector contra el mundo exterior. Antes habíamos fijado que la primera capa cortical de la misma tiene que hallarse diferenciada, como órgano destinado a la recepción de excitaciones procedentes del exterior. Esta capa cortical sensible, que después constituye el sistema *Cc.*, recibe también excitaciones procedentes del interior, la situación del sistema entre el exterior y el interior y la diversidad de las condiciones para la actuación desde uno y otro lado es lo que regula la función del sistema y de todo el aparato anímico. Contra el exterior existe una protección, pues las cantidades de excitación que a ella llegan no actuarán sino disminuidas. Mas contra las excitaciones procedentes del interior no existe defensa alguna; las excitaciones de las capas profundas se propagan directamente al sistema sin sufrir la menor disminución, y determinados caracteres de su curso crean en él la serie de sensaciones de placer y displacer. De todos modos, las excitaciones procedentes del interior son, por lo que respecta a su intensidad y a otros caracteres cualitativos —y eventualmente su amplitud—, más adecuadas al funcionamiento del sistema que las que provienen del exterior. Pero dos cosas quedan decisivamente determinadas por estas circunstancias. En primer lugar, la prevalencia de las sensaciones de placer y displacer sobre todas las excitaciones exteriores, y en segundo, la orientación de la conducta contra aquellas excitaciones interiores que traen consigo un aumento demasiado grande de displacer. Tales excitaciones son tratadas como si no actuasen desde dentro, sino desde fuera, empleándose así contra ellas los medios de defensa de la protección. Es éste el origen de la *proyección*, a la que tan importante papel está reservado en la causación de procesos patológicos.

Se me figura que con las últimas reflexiones nos hemos acercado a la comprensión del dominio del principio del placer. En cambio, no hemos alcanzado una explicación de aquellos casos que a él se oponen. Prosigamos, pues, nuestro camino. Aquellas excitaciones procedentes del exterior que poseen suficiente energía para atravesar la protección son las que denominamos *traumáticas*. Opino que el concepto de trauma exige tal relación a una defensa contra las excitaciones, eficaz en todo otro caso. Un suceso como el trauma exterior producirá seguramente una gran perturbación en el intercambio de energías del organismo y pondrá en movimiento todos los medios de defensa. Mas el principio del placer queda aquí fuera de juego. No siendo ya evitable la inundación del aparato anímico por grandes masas de excitación, habrá que emprender la labor de dominarlas, esto es, de ligar psíquicamente las cantidades de excitación invasoras y procurar su descarga.

Probablemente, el displacer específico del dolor físico es el resultado de haber sido rota la protección en proporción limitada. Desde el punto de la periferia en que la ruptura ha tenido efecto, afluyen entonces al aparato anímico central excitaciones continuas, tales como antes sólo podían llegar a él partiendo del interior del aparato. ¿Y qué podemos esperar como reacción de la vida anímica ante esta invasión? Desde todas partes acude la energía de carga para crear, en los alrededores de la brecha producida, grandes acopios de energía. Fórmase así una «contracarga» *(Gegenbesetzung)*, en favor de la cual se empobrecen todos los demás sistemas psíquicos, resultando una extensa parálisis o minoración del resto de la función psíquica. De este proceso deducimos la conclusión de que un sistema intensamente cargado se halla en estado de acoger nueva energía que a él afluya y transformarla en carga de reposo, esto es, ligarla psíquicamente. Cuanto mayor es la propia carga en reposo, tanto más intensa sería la fuerza ligadora. A la inversa, cuanto menor es dicha carga, tanto menos capacitado estará el sistema para la recepción de energía afluyente y tanto más violentas serán las consecuencias de tal ruptura de la protección contra las excitaciones. Contra esta hipótesis no está justificada la objeción de que la intensificación de la carga en derredor de la brecha de entrada queda explicada más sencillamente por la directa derivación de las masas de excitación afluyentes. Si así fuera, el aparato psíquico no experimentaría más que un aumento de sus cargas psíquicas, y el carácter paralizante del dolor, el empobrecimiento de todos los demás sistemas, quedaría inexplicado. Tampoco los violentos efectos de descarga del dolor contradicen nuestra explicación, pues se verifican reflejamente; esto es, sin participación alguna del aparato anímico. Lo impreciso de nuestra exposición, que denominamos metapsicología, proviene, naturalmente, de que nada sabemos de la naturaleza del proceso de excitación en los elementos de los sistemas psíquicos y no nos sentimos autorizados para arriesgar hipótesis ninguna sobre tal materia. De este modo operamos siempre con una *x*, que entra obligadamente en cada nueva fórmula. Parece admisible que este proceso se verifique con diversas energías cuantitativas, y es probable que posea también más de una cualidad. Como algo nuevo, hemos examinado la hipótesis de Breuer de que se trata de dos formas diversas de la carga de energía, debiendo diferenciarse en los sistemas psíquicos una carga libre, que tiende a hallar un exutorio, y una carga en reposo. Quizá concedamos también un puesto a la hipótesis de que la «ligadura» de la energía que afluye al aparato anímico consiste en un paso del estado de libre curso al estado de reposo.

A mi juicio, puede intentarse considerar la neurosis

traumática común como el resultado de una extensa rotura de la protección contra las excitaciones. Con ello quedaría restaurada la antigua e ingenua teoría del *shock*, opuesta aparentemente a otra, más moderna y psicológica, que atribuye la significación etiológica no al efecto de violencia, sino al susto y al peligro de muerte. Mas estas antítesis no son en ningún modo inconciliables, y la concepción psicoanalítica de la neurosis traumática no es idéntica a la forma más simplista de la teoría del *shock*. Esta considera como esencia del mismo el daño directo de la estructura molecular o hasta de la estructura histológica de los elementos nerviosos, y nosotros, en cambio, intentamos explicar su efecto por la ruptura de la protección, que defiende al órgano anímico contra las excitaciones. También para nosotros conserva el susto su importancia. Su condición es la falta de la disposición a la angustia (*Angsbereitschaft*), disposición que hubiera traído consigo una «sobrecarga» del sistema, que recibe en primer lugar la excitación. A causa de tal insuficiencia de la carga no se hallan luego los sistemas en buena disposición para ligar las masas de excitación afluyentes, y las consecuencias de la rotura de la protección se hacen sentir con mayor facilidad. Hallamos de este modo que la disposición a la angustia representa, con la sobrecarga de los sistemas receptores, la última línea de defensa de la protección contra las excitaciones. En una gran cantidad de traumas puede ser el factor decisivo para el resultado final la diferencia entre el sistema no preparado y el preparado por sobrecarga. Mas esta diferencia carecerá de toda eficacia cuando el trauma supere cierto límite de energía. Si los sueños de los enfermos de neurosis traumática reintegran tan regularmente a los pacientes a la situación del accidente, no sirven con ello a la realización de deseos, cuya aportación alucinatoria ha llegado a constituir, bajo el dominio del principio del placer, su función peculiar. Pero nos es dado suponer que actuando así se ponen a disposición de otra labor, que tiene que ser llevada a cabo antes que el principio del placer pueda comenzar su reinado. Estos sueños intentan conseguir desarrollando la angustia el dominio de la excitación, cuya negligencia ha llegado a ser la causa de la neurosis traumática. Nos dan de este modo una visión de una de las funciones del aparato anímico, que, sin contradecir al principio del placer, es, sin embargo, independiente de él, y parece más primitiva que la intención de conseguir placer y evitar displacer.

Sería ésta la ocasión de conceder por vez primera la existencia de una excepción a la regla de que los sueños son realizaciones de deseos. Los sueños de angustia no son tal excepción, como ya he demostrado repetidamente y con todo detenimiento, ni tampoco los de «castigo», pues lo que hacen estos últimos es sustituir a la realización de deseos, prohibida, el castigo correspondiente, siendo, por tanto, la realización del deseo de la conciencia de la culpa, que reacciona contra el instinto rechazado. Mas los sueños antes mencionados de los enfermos de neurosis traumática no pueden incluirse en el punto de vista de la realización de deseos, y mucho menos los que aparecen en el psicoanálisis, que nos vuelven a traer el recuerdo de los traumas psíquicos de la niñez. Obedecen más bien a la obsesión de repetición, que en el análisis es apoyada por el deseo —no inconsciente— de hacer surgir lo olvidado y reprimido. Así, pues, tampoco la función del sueño de suprimir por medio de la realización de deseos los motivos de interrupción del reposo sería su función primitiva, no pudiendo apoderarse de ella hasta después de que la total vida anímica ha reconocido el dominio del principio del placer. Si existe un «más allá del principio del placer», será lógico admitir también una prehistoria para la tendencia realizadora de deseos del sueño, cosa que no contradice en nada su posterior función. Una vez surgida esta tendencia, aparece un nuevo problema: aquellos sueños que, en interés de la ligadura psíquica de la impresión traumática, obedecen a la obsesión de repetición, ¿son o no posibles fuera del análisis? La respuesta es, desde luego, afirmativa.

Sobre la «neurosis de guerra», en cuanto esta calificación va más allá de marcar la relación con la causa de la enfermedad, he expuesto en otro lado que podían ser muy bien neurosis traumáticas, facilitadas por un conflicto del *yo*.

El hecho, mencionado en páginas anteriores, de que una grave herida simultánea, producida por el trauma, disminuye las probabilidades de la génesis de una neurosis, no es ya incomprensible, teniendo en cuenta dos de las circunstancias que la investigación psicoanalítica hace resaltar. La primera es que la conmoción mecánica tiene que ser reconocida como una de las fuentes de la excitación sexual (compárense las observaciones sobre el efecto del columpiarse y del viaje en ferrocarril: «Teoría sexual»). La segunda es que al estado de dolor y fiebre de la enfermedad corresponde mientras ésta dura un poderoso influjo en la distribución de la libido. De este modo, la violencia mecánica del trauma libertaría el *quantum* de excitación sexual, el cual, a consecuencia de la diferencia de preparación a la angustia, actuaría traumáticamente; la herida simultánea ligaría por la intervención de una sobrecarga narcisista del órgano herido el exceso de excitación. Es también conocido, pero no ha sido suficientemente empleado para la teoría de la libido, que perturbaciones tan graves de la distribución de la libido como la de una melancolía son interrumpidas temporalmente por una enfermedad orgánica intercurrente, y que hasta una *dementia praecox* en su total desarrollo puede experimentar en tales casos una pasajera mejoría [9].

Cinco

La carencia de un dispositivo protector contra las excitaciones procedentes del interior de la capa cortical receptora de las mismas tiene por consecuencia que tales excitaciones entrañen máxima importancia económica y den frecuente ocasión a perturbaciones económicas, equivalentes a las neurosis traumáticas. Las más ricas fuentes de tal excitación interior son los llamados instintos del organismo, que son los representantes de todas las actuaciones de energía procedentes del interior del cuerpo y transferidas al aparato psíquico, y constituyen el elemento más importante y oscuro de la investigación psicológica.

Quizá no sea excesivamente osada la hipótesis de que

los impulsos emanados de los instintos pertenecen al tipo de proceso nervioso libremente móvil, y que tiende a hallar un exutorio. Nuestro mejor conocimiento de estos procesos lo adquirimos en el estudio de la elaboración de los sueños. Hallamos entonces que los procesos que se desarrollan en los sistemas inconscientes son distintos por completo de los que tienen lugar en los (pre)-conscientes, y que en lo inconsciente pueden ser fácil y totalmente transferidas, desplazadas y condensadas las cargas, cosa que, teniendo lugar en material preconsciente, no puede dar sino defectuosos resultados. Ejemplo de ello son las conocidas singularidades del sueño manifiesto, que surgen al ser sometidos los restos diurnos preconscientes a una elaboración conforme a las leyes de lo inconsciente. Estos procesos fueron denominados por mí «procesos psíquicos primarios» para diferenciarlos de los procesos secundarios, que tienen lugar en nuestra normal vida despierta. Dado que todos los impulsos instintivos parten del sistema inconsciente, apenas si constituye una innovación decir que siguen el proceso primario, y por otro lado, no es necesario esfuerzo alguno para identificar el proceso psíquico primario con la carga, libremente móvil, y el secundario con las modificaciones de la carga, fija o tónica, de Breuer[10]. Correspondería entonces a las capas superiores del aparato anímico la labor de ligar la excitación de los instintos, característica del proceso primario. El fracaso de esta ligadura haría surgir una perturbación análoga a las neurosis traumáticas. Sólo después de efectuada con éxito la ligadura podría imponerse sin obstáculos el reinado del principio del placer o de su modificación; el principio de la realidad. Mas hasta tal punto sería obligada como labor preliminar del aparato psíquico la de dominar o ligar la excitación, no en oposición al principio del placer, mas sí independientemente de él, y en parte sin tenerlo en cuenta para nada.

Aquellas manifestaciones de una obsesión de repetición que hemos hallado en las tempranas actividades de la vida anímica infantil y en los incidentes de la cura psicoanalítica muestran en alto grado un carácter instintivo, y cuando se hallan en oposición al principio del placer, un carácter demoníaco. En los juegos infantiles creemos comprender que el niño repite también el suceso desagradable, porque con ello consigue dominar la violenta impresión experimentada mucho más completamente de lo que le fue posible al recibirla. Cada nueva repetición parece perfeccionar el deseado dominio. También en los sucesos placenteros muestra el niño su ansia de repetición, y permanecerá inflexible en lo que respecta a la identidad de la impresión. Este rasgo del carácter está destinado, más tarde a desaparecer. Un chiste oído por segunda vez no producirá apenas efecto. Una obra teatral no alcanzará jamás por segunda vez la impresión que en el espectador dejó la vez primera. Rara vez comenzará el adulto la relectura de un libro que le ha gustado mucho inmediatamente después de concluido. La novedad será siempre la condición del goce. En cambio, el niño no se cansa nunca de demandar la repetición de un juego al adulto que se lo ha enseñado o que en él ha tomado parte, y cuando se le cuenta una historia, quiere oír siempre la misma, se muestra implacable en lo que respecta a la identidad de la repetición y corrige toda variante introducida por el cuentista, aunque éste crea con ella mejorar su cuento. Nada de esto se opone al principio del placer; es indudable que la repetición, el reencuentro de la identidad constituye una fuente de placer. En cambio, en el analizado se ve claramente que la obsesión de repetir, en la transferencia, los sucesos de su infancia, se sobrepone en absoluto al principio del placer. El enfermo se conduce en estos casos por completo infantilmente, y nos muestra de este modo que las reprimidas huellas mnémicas de sus experiencias primeras no se hallan en él en estado de ligadura, ni son hasta cierto punto capaces del proceso secundario. A esta libertad deben también su capacidad de formar por adherencia a los restos diurnos una fantasía onírica optativa. La misma obsesión de repetición nos aparece con gran frecuencia como un obstáculo terapéutico cuando al final de la cura queremos llevar a efecto la total separación del médico, y hay que aceptar que el oscuro temor que siente el sujeto poco familiarizado con el análisis de despertar algo que, a su juicio, sería mejor dejar en reposo, revela que en el fondo presiente la aparición de esta obsesión demoníaca.

¿De qué modo se halla en conexión lo instintivo con la obsesión de repetición? Se nos impone la idea de que hemos descubierto la pista de un carácter general no reconocido claramente hasta ahora —o que por lo menos no se ha hecho resaltar expresamente— de los instintos y quizá de toda vida orgánica. *Un instinto sería, pues, una tendencia propia de lo orgánico vivo a la reconstrucción de un estado anterior*, que lo animado tuvo que abandonar bajo el influjo de fuerzas exteriores, perturbadoras; una especie de elasticidad orgánica, o, si se quiere, la manifestación de la inercia en la vida orgánica [11].

Esta concepción del instinto nos parece extraña por habernos acostumbrado a ver en él el factor que impulsa a la modificación y evolución, y tener ahora que reconocer en él todo lo contrario: la manifestación de la Naturaleza, conservadora de lo animado. Por otro lado, recordamos en seguida aquellos ejemplos de la vida animal que parecen confirmar la condicionalidad histórica de los instintos. Las penosas emigraciones que ciertos peces emprenden en la época del desove con objeto de dejar la freza en determinadas aguas, muy lejanas de los sitios en que de costumbre viven, débense tan sólo, según la opinión de muchos biólogos, a que buscan los lugares en que su especie residió primitivamente. Igual explicación puede aplicarse a las migraciones de las aves de paso; pero la rebusca de nuevos ejemplos nos hace pronto observar que en los fenómenos de la herencia y en los hechos de la Embriología tenemos las más magníficas pruebas de la obsesión orgánica de repetición. Vemos que el germen de un animal vivo se halla forzado a repetir en su evolución —aunque muy abreviadamente— todas las formas de las que el animal desciende, en lugar de marchar rápidamente y por el camino más corto a su definitiva estructura. No pudiendo explicarnos mecánicamente más que una mínima parte de esta conducta, no debemos desechar la explicación histórica. De la misma manera se extiende por la serie animal una capacidad de reproducción que sustituye un órgano perdido por la nueva formación de otro idéntico a él.

La objeción de que además de los instintos conservadores, que fuerzan a la repetición, existen otros, que impulsan a la nueva formación y al progreso, merece ciertamente ser tenida en cuenta, y más adelante trataremos de ella. Pero, por lo pronto, nos atrae la idea de perseguir hasta sus últimas consecuencias la hipótesis de que todos los instintos quieren reconstruir algo anterior. Si lo que de ello resulte parece demasiado «ingenioso» o muestra apariencia de místico, sabemos que no se nos podrá reprochar el haber tendido a ello. Buscamos modestos resultados de la investigación o de la reflexión en ella fundada, y nuestro deseo sería que no presentaran dichos resultados otro carácter que el de una total certeza.

Si, por tanto, todos los instintos orgánicos son conservadores e históricamente adquiridos, y tienden a una regresión o a una reconstitución de lo pasado, deberemos atribuir todos los éxitos de la evolución orgánica a influencias exteriores, perturbadoras y desviantes. El ser animado elemental no habría querido transformarse desde su principio y habría repetido siempre, bajo condiciones idénticas, un solo y mismo camino vital. Pero en último término estaría siempre la historia evolutiva de nuestra Tierra y de su relación al Sol, que nos ha dejado su huella en la evolución de los organismos. Los instintos orgánicos conservadores han recibido cada una de estas forzadas transformaciones del curso vital, conservándolas para la repetición, y tienen que producir de este modo la engañadora impresión de fuerzas que tienden hacia la transformación y el progreso, siendo así que no se proponen más que alcanzar un antiguo fin por caminos tanto antiguos como nuevos. Este último fin de toda la tendencia orgánica podría también ser indicado. El que el fin de la vida fuera un estado no alcanzado nunca anteriormente, estaría en contradicción con la Naturaleza, conservadora de los instintos. Dicho fin tiene más bien que ser un estado antiguo, un estado de partida, que lo animado abandonó alguna vez y hacia lo que tiende por todos los rodeos de la evolución. Si como experiencia, sin excepción alguna, tenemos que aceptar que todo lo viviente muere por fundamentos *internos*, volviendo a lo anorgánico, podremos decir: *La meta de toda vida es la muerte*. Y con igual fundamento: *Lo inanimado era antes que lo animado*.

En una época indeterminada fueron despertados en la materia inanimada, por la actuación de fuerzas inimaginables, las cualidades de lo viviente. Quizá fue éste el proceso que sirvió de modelo a aquel otro que después hizo surgir la conciencia en determinado estado de la materia animada. La tensión, entonces generada en la antes inanimada materia, intentó nivelarse, apareciendo así el primer instinto: el de volver a lo inanimado. Para la sustancia entonces viviente era aún fácil morir; no tenía que recorrer más que un corto curso vital, cuya dirección se hallaba determinada por la composición química de la joven vida. Durante largo tiempo sucumbió fácilmente la sustancia viva, y fue creada incesantemente de nuevo hasta que las influencias reguladoras exteriores se transformaron de tal manera, que obligaron a la sustancia aún superviviente a desviaciones cada vez más considerables del primitivo curso vital y a rodeos cada vez más complicados hasta alcanzar el fin de la muerte. Estos rodeos hacia la muerte, fielmente conservados por los instintos conservadores, constituirían hoy el cuadro de los fenómenos vitales. Si se quiere seguir afirmando la naturaleza, exclusivamente conservadora, de los instintos, no se puede llegar a otras hipótesis sobre el origen y el fin de la vida.

Igual extrañeza que estas consecuencias nos produce todo lo relativo a los grandes grupos de instintos, que estatuimos tras los fenómenos vitales de los organismos. El instinto de conservación, que reconocemos en todo ser viviente, se halla en curiosa contradicción con la hipótesis de que la total vida instintiva sirve para llevar al ser viviente hacia la muerte. La importancia teórica de los instintos de conservación y poder se hace más pequeña vista a esta luz; son instintos parciales, destinados a asegurar al organismo su peculiar camino hacia la muerte y a mantener alejadas todas las posibilidades no inmanentes del retorno a lo anorgánico. Pero la misteriosa e inexplicable tendencia del organismo a afirmarse en contra del mundo entero desaparece, y sólo queda el hecho de que el organismo no quiere morir sino a su manera. También estos guardianes de la vida fueron primitivamente escolta de la muerte. De este modo surge la paradoja de que el organismo viviente se rebela enérgicamente contra actuaciones (peligros) que podían ayudarle a alcanzar por un corto camino (por corto circuito, pudiéramos decir) su fin vital; pero esta conducta es lo que caracteriza precisamente a las tendencias puramente instintivas, diferenciándolas de las tendencias inteligentes [12].

Mas hemos de reflexionar que esto no puede ser así. A otra luz muy distinta nos aparecen los instintos sexuales, para los cuales admite la teoría de las neurosis una posición particular. No todos los organismos han sucumbido a la imposición exterior, que les impulsó a una ininterrumpida evolución. Muchos consiguieron mantenerse hasta la época actual en un grado poco elevado. Aún viven hoy en día muchos seres animados análogos a los grados primitivos de los animales superiores y de las plantas. Asimismo, tampoco todos los organismos elementales que componen el complicado cuerpo de un ser animado superior recorren con él todo el camino evolutivo hasta la muerte natural. Algunos de ellos —las células germinativas— conservan probablemente la estructura primitiva de la sustancia viva, y al cabo de algún tiempo se separan del organismo total, cargados con todos los dispositivos instintivos heredados y adquiridos. Quizá son precisamente estas dos cualidades las que hacen posible su existencia independiente. Puestas en condiciones favorables, comienzan estas células a desarrollarse; esto es, a repetir el mecanismo al que deben su existencia, proceso que termina llegando de nuevo hasta el final del desarrollo una parte de su sustancia, mientras que otra parte retorna, en calidad de nuevo resto germinativo, al comienzo de la evolución. De este modo se oponen estas células germinativas a la muerte de la sustancia viva y saben conseguir para ella aquello que nos tiene que aparecer como inmortalidad potencial, aunque quizá no signifique más que una prolongación del camino hacia la muerte. De extraordinaria importancia para nosotros es el hecho de que la célula germinativa es fortificada o hasta capacitada para esta función por su fusión con otra análoga a ella y, sin embargo, diferente.

Los instintos que cuidan de los destinos de estos organismos elementales supervivientes al ser unitario, procurándoles un refugio durante todo el tiempo que permanecen indefensos contra las excitaciones del mundo exterior y facilitando su encuentro con las otras células germinativas, constituyen el grupo de los instintos sexuales. Son conservadores en el mismo sentido que los otros, dado que reproducen anteriores estados de la sustancia animada; pero lo son en mayor grado, pues se muestran más resistentes contra las actuaciones exteriores y, además, en su más amplio sentido, pues conservan la vida misma para más largo tiempo. Son los verdaderos instintos de vida. Por el hecho de actuar en contra de la tendencia de los otros instintos, que por medio de la función llevan a la muerte, aparece una contradicción entre ellos y los demás, oposición que la teoría de las neurosis ha reconocido como importantísima. Esto es como un *ritardando* en la vida de los organismos; uno de los grupos de instintos se precipita hacia adelante para alcanzar, lo antes posible, el fin último de la vida, y el otro retrocede, al llegar a un determinado lugar de dicho camino, para volverlo a emprender de nuevo desde un punto anterior y prolongar así su duración. Mas aun cuando la sexualidad y la diferencia de sexos no existían seguramente al comienzo de la vida, no deja de ser posible que los instintos que posteriormente han de ser calificados de sexuales aparecieran y entraran en actividad desde un principio y emprendieran entonces, y no en épocas posteriores, su labor contra los instintos del *yo*.

Volvamos ahora sobre nuestros pasos para preguntarnos si toda esta especulación no carece, quizá, de fundamento. ¿No existen realmente, aparte de los sexuales, más instintos que aquellos que quieren reconstruir un estado anterior? ¿No habrá otros que aspiren a un estado no alcanzado aún? Sea como quiera, la cuestión es que hasta ahora no se ha descubierto en el mundo orgánico nada que contradiga nuestras hipótesis. Nadie ha podido demostrar aún la existencia de un instinto general de superevolución en el mundo animal y vegetal, a pesar de que tal dirección evolutiva parece indiscutible. Mas, por un lado, es quizá tan sólo un juicio personal el declarar que un grado evolutivo es superior a otro, y, además, la Biología nos muestra que la superevolución en un punto se consigue con frecuencia por regresión en otro. Existen también muchas formas animales cuyos estados juveniles nos dejan reconocer que su desarrollo ha tomado más bien un carácter regresivo. Superevolución y regresión podían ser ambas consecuencias de fuerzas exteriores que impulsan a la adaptación, y el papel de los instintos quedaría entonces limitado a mantener fija la obligada transformación como fuente de placer interior [13]. Para muchos de nosotros es difícil prescindir de la creencia de que en el hombre mismo reside un instinto de perfeccionamiento que le ha llevado hasta su actual grado elevado de función espiritual y sublimación ética y del que debe esperarse que cuidará de su desarrollo hasta el superhombre. Mas, por mi parte, no creo en tal instinto interior y no veo medio de mantener viva esta benéfica ilusión. El desarrollo humano hasta el presente me parece no necesitar explicación distinta del de los animales, y lo que de impulso incansable a una mayor perfección se observa en una minoría de individuos humanos puede comprenderse sin dificultad como consecuencia de la represión de los instintos, proceso al que se debe lo más valioso de la civilización humana. El instinto reprimido no cesa nunca de aspirar a su total satisfacción, que consistiría en la repetición de un satisfactorio suceso primario. Todas las formaciones sustitutivas o reactivas, y las sublimaciones, son insuficientes para hacer cesar su permanente tensión. De la diferencia entre el placer de satisfacción hallado y el exigido surge el factor impulsor, que no permite la detención en ninguna de las situaciones presentes, sino que, como dijo el poeta, «tiende, indomado, siempre hacia adelante» (*Fausto*, I). El camino hacia atrás, hacia la total satisfacción, es siempre desplazado por las resistencias que mantienen la represión, y de este modo no queda otro remedio sino avanzar en la dirección evolutiva que permanece libre, aunque sin esperanza de dar fin al proceso y poder alcanzar la meta. Los procesos que tienen lugar en el desarrollo de una fobia neurótica, perturbación que no es más que un intento de fuga ante una satisfacción instintiva, nos dan el modelo de la génesis de este aparente «instinto de perfeccionamiento»; instinto que, sin embargo, no podemos atribuir a todos los individuos humanos. Las condiciones dinámicas para su existencia se dan ciertamente en general; pero las circunstancias económicas parecen no favorecer el fenómeno más que en muy raros casos.

Seis

Los resultados hasta ahora obtenidos, que establecen una franca oposición entre los «instintos del *yo*» y los instintos sexuales, haciendo que los primeros tiendan a la muerte y los segundos a la conservación de la vida, no llegan a satisfacernos en muchos puntos. A ello se agrega que no pudimos atribuir el carácter conservador, mejor dicho, regresivo, del instinto, correspondiente a una obsesión de repetición, más que a los primeros, pues según nuestra hipótesis, los instintos del *yo* proceden de la vivificación de la materia inanimada y quieren establecer de nuevo el estado inanimado. En cambio, es innegable que los instintos sexuales reproducen estados primitivos del ser animado; pero su fin —al que tienden con todos sus medios— es la fusión de dos células germinativas determinadamente diferenciadas. Cuando esta unión no se verifica, muere la célula germinativa, como todos los demás elementos del organismo multicelular. Sólo bajo esta condición puede la función sexual prolongar la vida y prestarle la apariencia de inmortalidad. Mas ¿qué importante suceso de la evolución de la sustancia viva es repetido por la procreación sexual o por su antecedente, la copulación de dos protozoarios? Siéndonos imposible responder a esta interrogación, veríamos con gusto que toda nuestra construcción especulativa demostrase ser equivocada, pues de este modo cesaría la oposición entre instintos del *yo* o de muerte e instintos sexuales o de vida, y con ello perdería la obsesión de repetición la importancia que le hemos atribuido.

Volvamos, por tanto, a una de las hipótesis antes establecidas por nosotros y tratemos de rebatirla. Hemos fundado amplias conclusiones sobre la suposición de que todo lo animado tiene que morir por causas internas. Esta hipótesis ha sido, naturalmente, aceptada por nosotros, porque más bien se nos aparece como una certeza. Estamos acostumbrados a pensar así, y nuestos poetas refuerzan nuestras creencias. Además, quizá nos haya decidido a adoptarla el hecho de que no teniendo más remedio que morir y sufrir que antes nos arrebate la muerte a las personas que más amamos, preferimos ser vencidos por una implacable ley natural, por la soberana Αναγκη, que por una casualidad que quizá hubiera sido evitable. Mas quizá esta creencia en la interior regularidad del morir no sea tampoco más que una de las ilusiones que nos hemos creado «para soportar la pesadumbre del vivir». Lo que sí podemos asegurar es que no se trata de una creencia primitiva: la idea de «muerte natural» es extraña a los pueblos primitivos, los cuales atribuyen cada fallecimiento de uno de los suyos a la influencia de un enemigo o de un mal espíritu. No debemos, por tanto, dejar de examinar esta creencia a la luz de la ciencia biológica.

Al hacerlo así quedaremos maravillados de la falta de acuerdo que reina entre los biólogos sobre la cuestión de la muerte natural, y veremos que hasta se les escapa de entre las manos el concepto mismo de la muerte. El hecho de que la vida tenga una determinada duración media, por lo menos entre los animales superiores, habla en favor de la muerte motivada por causas internas; mas la circunstancia de que algunos grandes animales y varios árboles gigantescos alcancen una avanzadísima edad, hasta ahora no determinada, contradice de nuevo esta impresión. Según la magna concepción de W. Fliess, todos los fenómenos vitales de los organismos —y con seguridad también la muerte— se hallan ligados al cumplimiento de determinados plazos, en los cuales se manifiesta la dependencia de dos sustancias vivas, una masculina y otra femenina, del año solar. Pero la facilidad con la que fuerzas externas logran modificar ampliamente la aparición temporal de las manifestaciones de la vida, sobre todo en el mundo vegetal, adelantándolas o retrasándolas, contradice la rigidez de la fórmula de Fliess y hace dudar, por lo menos, de la exclusiva vigencia de las leyes por él establecidas.

La forma en la que A. Weismann ha tratado el tema de la duración de la vida de los organismos y de su muerte es para nosotros del mayor interés [14]. De este investigador procede la diferenciación de la sustancia viva en una mitad mortal y otra inmortal; la mitad mortal es el cuerpo en su más estrecho sentido, el *soma*; sólo ella está sujeta a la muerte natural. En cambio, las células germinativas son potencia inmortal, en cuanto se hallan capacitadas, bajo determinadas condiciones favorables, para formar un nuevo individuo, o, dicho de otro modo, para rodearse de un nuevo soma [15].

Lo que de esta concepción nos sugestiona es su inesperada analogía con la nuestra, conseguida por tan diversos caminos. Weismann, que considera morfológicamente la sustancia viva, reconoce en ella un componente destinado a la muerte, el soma, o sea el cuerpo despojado de la materia sexual y hereditaria, y otro componente inmortal, constituido precisamente por aquel plasma germinativo que sirve a la conservación de la especie, a la procreación. Nosotros no hemos partido de la materia animada, sino de las fuerzas que en ella actúan, y hemos llegado a distinguir dos especies de instintos: aquellos que quieren llevar la vida hacia la muerte, y otros, los instintos sexuales, que aspiran de continuo a la renovación de la vida y la imponen siempre de nuevo. Este nuestro resultado semeja un corolario dinámico a la teoría morfológica de Weismann.

Mas la esperanza de tan importante coincidencia desaparece rápidamente al observar la solución que da Weismann al problema de la muerte, pues no considera válida la diferenciación de soma mortal y plasma germinativo imperecedero más que para los organismos multicelulares, y admite que en los animales unicelulares son todavía el individuo y la célula procreativa una y la misma cosa [16]. De este modo, declara Weismann potencialmente inmortales a los unicelulares. La muerte no aparecería hasta los metazoarios, ya multicelulares. Esta muerte de los seres animados superiores es, ciertamente, natural, muerte por causas interiores; pero no se debe a una cualidad primitiva de la sustancia viva [17], ni puede ser concebida como una necesidad absoluta, fundada en la esencia de la vida [18]. La muerte es más bien un dispositivo de acomodación, un fenómeno de adaptación a las condiciones vitales exteriores, pues, desde la separación de las células del cuerpo en soma y plasma germinativo, la duración ilimitada de la vida hubiera sido un lujo totalmente inútil. Con la aparición de esta diferenciación en los multicelulares se hizo posible y adecuada la muerte. Desde entonces muere por causas internas, y al cabo de un tiempo determinado, el soma de los seres animados superiores; en cambio, los protozoarios continúan gozando de inmortalidad.

En oposición a lo anteriormente expuesto, la procreación no ha sido introducida con la muerte, sino que, como el crecimiento, del cual surgió, es una cualidad primitiva de la materia animada. Así, pues, la vida ha sido siempre, desde su aparición en la Tierra, susceptible de ser continuada [19].

Fácilmente se ve que la aceptación de una muerte natural para las organizaciones superiores ayuda muy poco a nuestra causa. Si la muerte es una tardía adquisición del ser viviente, no tendrá objeto ninguno suponer la existencia de instintos de muerte aparecidos desde el comienzo de la vida sobre la Tierra. Los multicelulares pueden seguir muriendo por causas internas, por defectos de su diferenciación o imperfecciones de su metabolismo. Sea como sea, ello carece de interés para la cuestión que nos ocupa. Tal concepción y derivación de la muerte se halla seguramente más cercana al acostumbrado pensamiento de los hombres que la hipótesis de los instintos de muerte.

La discusión motivada por las teorías de Weismann no ha producido, a mi juicio, nada decisivo [20]. Algunos autores han vuelto a la posición de Goethe (1883), que veía en la muerte una consecuencia directa de la procreación. Hartmann no caracteriza a la muerte por la aparición de un «cadáver», de una parte muerta de la sustancia animada, sino que la define como «término de la evolución individual». En este sentido, también los protozoarios son mortales; la muerte coincide en ellos con la procreación; pero es encubierta por ésta en cierto modo, puesto que toda la sustancia del animal padre puede ser traspasada directamente a los jóvenes individuos filiales (*l. c.*, pág. 29).

El interés de la investigación se ha dirigido en seguida a comprobar experimentalmente en los unicelulares la afirmada inmortalidad de la sustancia viva. Un americano, Woodruff, puso en observación a un infusorio, de los que se reproducen por escisiparidad, y lo estudió, aislando cada vez uno de los productos de la división y sumergiéndolo en agua nueva, hasta la generación 3.029. El último descendiente del primer infusorio poseía igual vitalidad que éste y no mostraba señal alguna de vejez o degeneración. De este modo pareció experimentalmente demostrable —si es que tales cifras poseen fuerza demostrativa— la inmortalidad de los protozoarios [21].

Mas otros investigadores han llegado a resultados diferentes. Maupas y Calkins, entre ellos, han hallado, en contraposición a Woodruff, que también estos infusorios se debilitan tras cierto número de divisiones, disminuyendo de tamaño, perdiendo una parte de su organización y muriendo al fin, cuando no experimentan determinadas influencias reanimadoras. Según esto, los protozoarios morirían después de una fase de decadencia senil, exactamente como los animales superiores, y sería errónea la teoría de Weismann, que considera la muerte como una tardía adquisición de los organismos animados.

Del conjunto de estas investigaciones haremos resaltar dos hechos que nos parecen ofrecer un firme punto de apoyo. Primero: cuando los pequeños seres animales pueden aparearse fundiéndose, o sea «copular», antes de haber sufrido modificación alguna debida a la edad, quedan al separarse después de la cópula rejuvenecidos y preservados de la vejez. Esta cópula es con seguridad, un antecedente de la procreación sexual de los seres superiores; pero no tiene aún nada que ver con la multiplicación y se limita a la mezcla de las sustancias de ambos individuos (la *amphimixis*, de Weismann). El influjo rejuvenecedor de la cópula puede también ser sustituido por determinados excitables, modificación de la composición del líquido alimenticio, elevación de la temperatura o agitación. Recuérdese el famoso experimento de J. Loeb, que provocó en los huevos de los equínidos, por medio de ciertas excitaciones químicas, procesos de división que no aparecen normalmente sino después de la fecundación.

Segundo: es muy probable que los infusorios sean conducidos por su proceso vital a una muerte natural, pues la contradicción entre los resultados de Woodruff y los de otros investigadores obedece a que el primero ponía a cada nueva generación un nuevo líquido alimenticio. Al dejar de efectuar esta operación observó, en las generaciones sucesivas, aquellas mismas modificaciones que otros hombres de ciencia habían señalado, y su conclusión fue, por tanto, que los pequeños animales son dañados por los productos del metabolismo, que devuelven al líquido que los rodea. Prosiguiendo sus trabajos, logró demostrar convincentemente que sólo los productos del *propio* metabolismo poseen este efecto conducente a la muerte de la generación, pues en una solución saturada con los detritos de una especie análoga lejana vivieron perfectamente aquellos mismos pequeños seres que, hacinados en su propio líquido alimenticio, sucumbían sin salvación posible. Así, pues, el infusorio, abandonado a sí mismo, sucumbe de muerte natural producida por insuficiente alejamiento de los productos de su propio metabolismo. Aunque quizá también todos los animales superiores mueren, en el fondo, a causa de la misma impotencia.

Puede asaltarnos ahora la duda de si sería realmente útil para nuestro fin buscar en el estudio de los protozoarios la solución del problema de la muerte natural. La primitiva organización de estos seres animados nos puede muy bien encubrir importantísimos procesos que también se desarrollan en ellos, pero que sólo aparecen visibles a los animales superiores, en los cuales se han procurado una expresión morfológica. Si abandonamos el punto de vista morfológico para adoptar el dinámico, nos será indiferente que pueda o no demostrarse la muerte natural de los protozoarios. En ellos no se ha separado aún la sustancia posteriormente reconocida como inmortal de la mortal. Las fuerzas instintivas que quieren llevar la vida a la muerte podían actuar también en ellos desde un principio, aunque su efecto quede encubierto de tal manera por las fuerzas conservadoras de la vida, que sea muy difícil su descubrimiento directo. Creemos, sin embargo, que las observaciones de los biólogos nos permiten aceptar también en los protozoarios la existencia de tales procesos internos conductores de la muerte. Mas aun en el caso de que los protozoarios demuestren ser inmortales, en el sentido de Weismann, la afirmación de que la muerte es una adquisición posterior no es valedera más que para las exteriorizaciones manifiestas de la muerte, y no hace imposible ninguna hipótesis sobre los procesos que hacia ella tienden. No se ha realizado, por tanto, nuestra esperanza de que la Biología rechazase de plano el reconocimiento de los instintos de muerte, y si continuamos teniendo motivos para ello podemos, desde luego, seguir suponiendo su existencia. La singular analogía de la diferencia de Weismann entre soma y plasma germinativo, con nuestra separación de instintos de muerte e instintos de vida, permanece intacta y vuelve a adquirir todo su valor.

Detengámonos un momento en esta concepción exquisitamente dualista de la vida instintiva. Según la teoría de E. Hering, se verifican de continuo en la sustancia viva dos clases de procesos de dirección opuesta: los unos constructivos (asimilatorios), y destructores (desimilatorios) los otros. ¿Deberemos atrevernos a reconocer en estas dos direcciones de los procesos vitales la actuación de nuestros dos impulsos instintivos, los instintos de vida y los instintos de muerte? Lo que desde luego no podemos ocultarnos es que hemos arribado inesperadamente al puerto de la filosofía de Schopenhauer, pensador para el cual la muerte es el «verdadero resultado» y, por tanto, el objeto de la vida [22] y, en cambio, el instinto sexual la encarnación de la voluntad de vivir.

Intentemos avanzar ahora un paso más. Según la opinión general de la reunión de numerosas células para formar una unión vital, la multicelularidad de los organismos ha devenido un medio de prolongar la duración de la vida de los mismos. Una célula ayuda a conservar la vida de las demás, y el estado celular puede seguir viviendo, aunque algunas células tengan que sucumbir. Ya hemos visto que también la cópula, la fusión temporal de dos unicelulares, actúa conservando la vida de ambos y rejuveneciéndolos. Podemos, pues, intentar aplicar la teoría de la libido, fruto de nuestra labor psicoanalítica, a la relación recíproca de las células y suponer que son los instintos vitales o sexuales actuantes en cada célula los que toman a las otras células como objeto, neutralizando parcialmente sus instintos de muerte; esto es, los procesos por ellos incitados, y conservándolas vivas de este modo, mientras que otras células actúan análogamente en beneficio de las primeras, y otras por último, se sacrifican en el ejercicio de esta función libidinosa. Las células germinativas mismas se conducirían de un modo «narcisista», calificación que usamos en nuestra teoría de la neurosis para designar el hecho de que un individuo conserve su libido en el *yo* y no destine ninguna parte de ella al revestimiento de objetos. Las células germinativas precisan para sí mismas su libido, o sea la actividad de sus instintos vitales, como provisión para su posterior magna actividad constructiva. Quizá se deba también considerar como narcisistas, en el mismo sentido, a las células de las nuevas formaciones nocivas que destruyen el organismo. La Patología se inclina a aceptar el innatismo de los gérmenes de tales formaciones y a conceder a las mismas cualidades embrionales. De este modo la libido de nuestros instintos sexuales coincidiría con el «eros» de los poetas y filósofos, que mantienen unido todo lo animado.

En este punto hallamos ocasión de revisar la lenta evolución de nuestra teoría de la libido. El análisis de las neurosis de transferencia nos obligó primero a aceptar la oposición entre «instintos sexuales» dirigidos sobre el objeto y otros instintos que no descubríamos sino muy insuficientemente y que denominamos, por lo pronto, «instintos del *yo*». Entre estos últimos aparecían, en primer término, aquellos que se hallan dedicados a la conservación del individuo. Mas no pudimos averiguar qué otras diferenciaciones era preciso hacer. Ningún otro conocimiento hubiera sido tan importante para la fundación de una psicología verdadera como una aproximada visión de la naturaleza común y las eventuales peculiaridades de los instintos. Mas en ningún sector de la Psicología se andaba tan a tientas. Cada investigador establecía tantos instintos o «instintos fundamentales» (*Grundtriebe*) como le venía en gana y los manejaba como manejaban los antiguos filósofos griegos sus cuatro elementos: aire, agua, tierra y fuego. El psicoanálisis, que no podía prescindir de establecer alguna hipótesis sobre los instintos, se atuvo al principio a la diferenciación popular de los mismos, expresada con los términos «hambre» y «amor». Esta división, que por lo menos no constituía una nueva arbitrariedad, nos bastó para avanzar considerablemente en el análisis de las psiconeurosis. El concepto de la sexualidad, y con él el de un instinto sexual, tuvo, naturalmente, que ser ampliado hasta encerrar en sí mucho más de lo relativo a la función procreadora, y esto originó grave escándalo en el mundo grave y distinguido, o simplemente hipócrita.

Nuestros conocimientos progresaron considerablemente cuando el psicoanálisis pudo observar más de cerca el *yo* psicológico, que al principio no le era conocido más que como una instancia represora, censora y capacitada para la constitución de dispositivos protectores y formaciones reaccionales. Espíritus críticos y de penetrante mirada habían indicado ya hace tiempo el error en que se incurría limitando el concepto de la libido a la energía del instinto sexual dirigido hacia el objeto. Mas olvidaron comunicar de dónde procedía su mejor conocimiento y no supieron derivar de él nada útil para el análisis. Un prudente y reflexivo progreso demostró a la observación psicoanalítica cuán regularmente es retirada la libido del objeto y vuelta hacia el *yo* (introversión). Estudiando el desarrollo de la libido del niño en su fase más temprana, llegamos al conocimiento de que el *yo* es el verdadero y primitivo depósito de la libido, la cual parte luego de él para llegar hasta el objeto. El *yo* pasó, por tanto, a ocupar un puesto entre los objetos sexuales y fue reconocido en el acto como el más significado de ellos. Cuando la libido permanecía así en el *yo*, se la denominó narcisista. Esta libido narcisista era también, naturalmente, la exteriorización de la energía de los instintos sexuales en el sentido analítico; instintos que hubimos de identificar con los «instintos de conservación», reconocidos desde el primer momento. Estos descubrimientos demostraron la insuficiencia de la dualidad primitiva de instintos del *yo* e instintos sexuales. Una parte de los instintos del *yo* quedaba reconocida como libidinosa. En el *yo* actuaban —al mismo tiempo que otros— los instintos sexuales; pero tal nuevo descubrimiento no invalidaba en absoluto nuestra antigua fórmula de que la psiconeurosis reposa en un conflicto entre los instintos del *yo* y los instintos sexuales. Mas la diferencia entre ambas especies de instintos, que primitivamente se creía indeterminadamente cualitativa, debía considerarse ahora de otra manera; esto es, como tópica. Especialmente la neurosis de transferencia, que constituye el verdadero objeto de estudio del psicoanálisis, continúa siendo el resultado de un conflicto entre el *yo* y el revestimiento libidinoso del objeto. Debemos acentuar tanto más el carácter libidinoso de los instintos de conservación cuanto que osamos ahora dar un paso más, reconociendo en el instinto sexual el «eros», que todo lo conserva, y derivando la libido narcisista del *yo* de las aportaciones de libido con las que se mantienen unidas las células del soma. Pero aquí nos hallamos de repente ante una nueva interrogación: si también los instintos de conservación son de naturaleza libidinosa, no existirán entonces sino instintos libidinosos. Por lo menos, no se descubren otros. Mas entonces habrá de darse la razón a los críticos que desde un principio sospecharon que el psicoanálisis lo explicaba todo por la sexualidad, o a los innovadores como Jung, que decidieron, sin más ni más, emplear el término «libido» en el sentido de «fuerza instintiva». ¿Es esto así?

No era, ciertamente, este resultado el que nos habíamos propuesto alcanzar. Partimos más bien de una decidida separación entre instintos del *yo* o instintos de muerte, e instintos sexuales o instintos de vida. Nos hallábamos dispuestos a contar entre los instintos de muerte a los supuestos instintos de conservación, cosa que después rectificamos. Nuestra concepción era *dualista* desde un principio y lo es ahora aún más desde que denominamos las antítesis, no ya instintos del *yo* e instintos sexuales, sino instintos de vida e instintos de muerte. La teoría de la libido, de Jung, es, en cambio, monista. El hecho de haber denominado en ella libido a su única fuerza instintiva tuvo necesariamente que producir confusiones, pero no puede ya influir para nada en nuestra reflexión. Sospechamos que en el *yo* actúan instintos diferentes de los instintos libidinosos de conservación, mas no podemos aportar prueba ninguna que apoye nuestra hipótesis. Es de lamentar que el análisis del *yo* se halle tan poco avanzado, que tal demostración nos sea difícil en extremo. Los instintos libidinosos del *yo* pueden, sin embargo, hallarse enlazados de un modo especial con los otros instintos del *yo*, aún desconocidos para nosotros. Antes de haber reconocido claramente el narcisismo existía ya en el psicoanálisis la sospecha de que los instintos del *yo* habían atraído a sí componentes libidinosos. Mas son éstas posibilidades muy inseguras, que ni siquiera se dignarán tomar en cuenta nuestros adversarios. De todos modos, como se nos podría objetar que si el análisis no había logrado hasta ahora hallar otros instintos que los libidinosos, ello era debido únicamente a insuficiencia de su fuerza de penetración, no queremos por el momento arriesgar una conclusión exclusivista.

Dada la oscuridad en que se halla sumido todavía todo lo referente a los instintos, no debemos rechazar desde luego ninguna idea que nos parezca prometer algún esclarecimiento. Hemos partido de la antítesis de instintos de vida e instintos de muerte. El amor objetivo mismo nos muestra una segunda polarización de este género: la de amor (ternura) y odio (agresión). Sería muy conveniente poder relacionar entre sí estas dos polarizaciones, reduciéndolas a una sola. Desde un principio hemos admitido en el instinto sexual un componente sádico, que, como ya sabemos, puede logar una total independencia y dominar, en calidad de perversión, el total impulso sexual de la persona. Este componente sádico aparece asimismo como instinto parcial, dominante en las por mí denominadas «organizaciones pregenitales». Mas ¿cómo derivar el instinto sádico dirigido al daño del objeto, del «eros», conservador de la vida? La hipótesis más admisible es la de que este sadismo es realmente un instinto de muerte, que fue expulsado del *yo* por el influjo de la libido naciente; de modo que no aparece sino en el objeto. Este instinto sádico entraría, pues, al servicio de la fusión sexual, pasando su actuación por diversos grados. En el estadio oral de la organización de la libido coincide aún el apoderamiento erótico con la destrucción del objeto; pasado tal estadio es cuando tiene lugar la expulsión del instinto sádico, el cual toma por último al sobrevenir la primacía genital, y en interés de la procreación, la función de dominar al objeto sexual; pero tan sólo hasta el punto necesario para la ejecución del acto sexual. Pudiera decirse que al sadismo, expulsado del *yo*, le ha sido marcado el camino por los componentes libidinosos del instinto sexual, los cuales tienden luego hacia el objeto. Donde el sadismo primitivo no experimenta una mitigación y una fusión, queda establecida la conocida ambivalencia amor-odio de la vida erótica.

Si tal hipótesis es admisible, habremos conseguido señalar, como se nos exigía, la existencia de un instinto de muerte, siquiera sea desplazado. Mas nuestra construcción especulativa está muy lejos de toda evidencia, y produce una impresión mística, haciéndonos sospechosos de haber intentado salir a toda costa de una embarazosa situación. Sin embargo, podemos oponer que tal hipótesis no es nueva, y que ya la expusimos antes cuando nuestra posición era totalmente libre. Observaciones clínicas nos forzaron a admitir que el masoquismo, o sea el instinto parcial complementario del sadismo, debía considerarse como un retorno de sadismo contra el propio *yo* [23]. Un retorno del instinto desde el objeto al *yo* no es en principio otra cosa que la vuelta del *yo* hacia el objeto, que ahora discutimos. El masoquismo, la vuelta del instinto contra el propio *yo*, sería realmente un retorno a una fase anterior del mismo, una regresión. En un punto necesita ser rectificada la exposición demasiado exclusiva que entonces hicimos del masoquismo; éste pudiera muy bien ser primario, cosa que antes discutimos [24].

Mas retornemos a los instintos sexuales, conservadores de la vida. En la investigación de los protozoarios hemos visto ya que la difusión de dos individuos sin división subsiguiente, la cópula actúa sobre ambos; que se separan poco después, fortificándolos y rejuveneciéndolos (Lispchütz). En las siguientes generaciones no muestran fenómenos degenerativos ninguno, y parecen capacitados para resistir por más tiempo los daños de su propio metabolismo. A mi juicio, puede esta observación ser tomada como modelo para el efecto de la cópula sexual. Mas ¿de qué modo logra la fusión de dos células poco diferenciadas tal renovación de la vida? El experimento que sustituye la cópula de los protozoarios por la actuación de excitaciones químicas, y hasta mecánicas, permite una segura respuesta: ello sucede por la afluencia de nuevas magnitudes de excitación. Esto es favorable a la hipótesis de que el proceso de la vida del individuo conduce, obedeciendo a causas internas, a la nivelación de las tensiones químicas; esto es, a la muerte, mientras que la unión con una sustancia animada, individualmente diferente, eleva dichas tensiones y aporta, por decirlo así, nuevas *diferencias vitales*, que tienen luego que ser *agotadas viviéndolas*. El haber reconocido como la tendencia dominante de la vida psíquica, y quizá también de la vida nerviosa, la aspiración a aminorar, mantener constante o hacer cesar la tensión de las excitaciones internas (el principio del nirvana, según expresión de Bárbara Low), tal y como dicha aspiración se manifiesta en el principio del placer, es uno de los más importantes motivos para creer en la existencia de instintos de muerte.

Constituye un obstáculo en nuestra ruta mental el no

haber podido demostrar en el instinto sexual aquel carácter de obsesión de repetición que nos condujo primeramente al hallazgo de los instintos de muerte. El campo de los procesos evolutivos embrionarios es ciertamente muy rico en tales fenómenos de repetición; las dos células germinativas de la procreación sexual, y toda la historia de su vida, no son sino repeticiones de los comienzos de la vida orgánica; mas lo esencial de los procesos provocados por el instinto sexual continúa siendo la fusión de los cuerpos de dos células. Por esta fusión es por la que queda asegurada en los seres animales superiores la inmortalidad de la sustancia viva.

Dicho de otro modo: tenemos que dar luz sobre la génesis de la procreación sexual, y, en general, sobre la procedencia de los instintos sexuales; labor que asustará a un profano, y que no ha sido llevada aún a cabo por los investigadores especializados. Daremos aquí una rápida síntesis de aquello que, entre las numerosas hipótesis y opiniones contradictorias, puede ayudarnos en nuestra labor.

Una de las teorías despoja de su misterioso atractivo al problema de la procreación, presentando dicha función como un fenómeno parcial del crecimiento (multiplicación por escisiparidad y gemación). La génesis de la reproducción por células germinativas sexualmente diferenciadas podríamos representárnosla conforme al tímido modo de pensar darviniano, suponiendo que la ventaja de la *amphimixis*, resultante de la cópula casual de dos protozoarios, fue conservada y utilizada en la evolución subsiguiente [25]. El «sexo» no sería, pues, muy antiguo y los instintos, extraordinariamente violentos, que impulsan a la unión sexual repitieron al hacerlo algo que había sucedido una vez casualmente, y que desde entonces quedó fijado como ventajoso.

Surge de nuevo aquí, como antes, al tratar de la muerte, la cuestión de si en los protozoarios no ha de suponerse existente nada más que lo que muestran a nuestros ojos, o si puede sospecharse que fuerzas y procesos que no se hacen visibles sino en los animales superiores han surgido por vez primera en los primeros. Para nuestras intenciones la mencionada concepción de la sexualidad rinde escasísimo fruto. Se podrá objetar contra ella que presupone la existencia de instintos vitales, que actúan ya en los más simples seres animados, pues, si no, habría sido evitada, y no conservada y desarrollada, la cópula, que actúa en contra de la cesación de la vida y dificulta la muerte. Si no se quiere abandonar la hipótesis de los instintos de muerte, no hay más remedio que unir a ellos desde un principio los instintos de vida. Pero tenemos que confesar que operamos aquí con una ecuación de dos incógnitas. Es tan poco lo que la ciencia nos dice sobre la génesis de la sexualidad, que puede compararse este problema con unas profundísimas tinieblas, en las que no ha penetrado aún el rayo de luz de una hipótesis. En otro sector, totalmente distinto, hallamos una de tales hipótesis; pero tan fantástica —más bien un mito que una explicación científica—, que no me atrevería a reproducirla aquí si no llenase precisamente una condición, a cuyo cumplimiento aspiramos. Esta hipótesis deriva un instinto *de la necesidad de reconstituir un estado anterior.*

Me refiero, naturalmente, a la teoría que Platón hace desarrollar a Aristófanes en el *Symposion*, y que no trata sólo de la génesis del instinto sexual, sino también de su más importante variación con respecto al objeto.

«La naturaleza humana era al principio muy diferente. Primitivamente hubo tres sexos; tres y no dos, como hoy en día; junto al masculino y al femenino vivía un tercer sexo, que participaba en igual medida que los otros dos...» Todo en estos seres humanos era doble; tenían cuatro pies, cuatro manos, dos rostros, genitales dobles, etc. Mas Júpiter se decidió un día a dividir a cada uno de ellos en dos partes, «como suelen partirse las peras para cocerlas». «Cuando de este modo quedó dividida en dos toda la Naturaleza, apareció en cada hombre el deseo de reunirse a su otra mitad propia, y ambas mitades se abrazaron, entretejieron sus cuerpos y quisieron formar un solo ser...» [26].

¿Debemos acaso, siguiendo a los filósofos poetas, arriesgar la hipótesis de que la sustancia viva sufrió al ser animada una fragmentación en pequeñas partículas, que desde entonces aspiran a reunirse de nuevo por medio de los instintos sexuales? ¿Y que estos instintos, en los cuales se continúa la afinidad química de la materia inanimada, van venciendo poco a poco, pasando primero por el reino de los protozoarios, aquellas dificultades que a esta tendencia opone lo circundante, cargado de excitaciones que ponen en peligro la vida y los obligan a la formación de una capa cortical protectora? ¿Y que —por último— tales fragmentos de sustancia viva alcanzan de este modo la multicelularidad y transfieren, en fin, en gran concentración el instinto de reunión a las células germinativas? Creo que debemos poner aquí término a esta cuestión.

Mas no lo haremos sin antes añadir algunas palabras de reflexión crítica. Se me pudiera preguntar si yo mismo estoy —y hasta qué punto— convencido de la viabilidad de estas hipótesis. Mi respuesta sería que ni abrigo una entera convicción de su certeza ni trato de inspirarla a nadie. O mejor dicho: no sé hasta qué punto creo en ellas. Me parece que el factor afectivo de la convicción no debe ser aquí tenido en cuenta. Podemos muy bien entregarnos a una reflexión y seguirla para ver hasta dónde nos conduce exclusivamente por una curiosidad científica, o, si se quiere, en calidad de *advocatus diavoli*, aunque sin que el aceptar tal cargo signifique parcialidad ni pacto tenebroso alguno. No niego que el tercer paso que aquí doy en la teoría de los instintos no puede aspirar a la misma seguridad que los dos que le precedieron: la extensión del concepto de la sexualidad y el establecimiento del narcisismo. Estas innovaciones constituían una traducción directa de la observación a la teoría, traducción en la que no existían más fuentes de errores que las puramente inevitables en estos casos. La afirmación del carácter *regresivo* de los instintos reposa ciertamente en material observado: en los hechos de la obsesión de repetición. Lo único que puede haber sucedido es que hayamos concedido excesiva importancia a tales hechos. Mas para proseguir esta idea no hay más remedio que cambiar varias veces sucesivas lo efectivo con lo simplemente especulado y alejarse de este modo de la observación. Sabemos que el resultado final se hace tanto más inseguro cuanto mayor sea la frecuencia con que se lleve a cabo esta operación durante la construcción de una teoría, pero no es posible fijar el grado a que llega tal inseguridad. Puede haberse llegado a la verdad y puede haberse errado lamentablemente. La llamada intuición me merece escasa confianza en esta clase de trabajos: lo que de ella he visto me ha parecido más bien el resultado de cierta imparcialidad del intelecto. Pero sucede que, desgraciadamente, pocas veces se es imparcial cuando se trata de las últimas causas, de los grandes problemas de la ciencia y la vida. A mi juicio, todo individuo es dominado en estas cuestiones por preferencias íntimas, profundamente arraigadas, que influyen, sin que el sujeto se dé cuenta, en la marcha de su reflexión. Dadas tan buenas razones de desconfiar, no queda sino atreverse a mirar con fría benevolencia los resultados de los propios esfuerzos intelectuales. Sólo me apresuraré a añadir que esta autocrítica no me obliga a una especial tolerancia con las opiniones distintas de la propia. Débense rechazar implacablemente aquellas teorías que el análisis de la observación contradice desde un principio, aunque se sepa también que la justeza de la propia teoría no es más que interina. En el juicio de nuestra especulación sobre los instintos de muerte y los de vida nos estorbaría muy poco que aparecieran tantos procesos extraños y nada evidentes, tales como el de que un instinto expulse a otro o se vuelva del *yo* hacia el objeto, etc. Esto procede de que nos hallamos obligados a trabajar con los términos científicos; esto es, con el idioma figurado de la Psicología. Si no, no podríamos descubrir los procesos correspondientes; ni siquiera los habríamos percibido. Los defectos de nuestra descripción desaparecerían con seguridad si en lugar de los términos psicológicos pudiéramos emplear los fisiológicos o los químicos. Estos pertenecen también ciertamente a un lenguaje figurado, pero que nos es conocido desde hace mucho más tiempo, y es quizá más sencillo.

Queremos dejar, en cambio, claramente fijado el hecho de que la inseguridad de nuestra especulación fue elevada en alto grado por la precisión de tomar datos de la ciencia biológica, la cual es realmente un dominio de infinitas posibilidades. Debemos esperar de ella los más sorprendentes esclarecimientos y no podemos adivinar qué respuestas dará, dentro de algunos decenios, a los problemas por nosotros planteados. Quizá sean dichas respuestas tales, que echen por tierra nuestro artificial edificio de hipótesis. Si ha de ser así, pudiérasenos preguntar para qué se emprenden trabajos como el expuesto en este capítulo y por qué se hacen públicos. A esto contestaré que no puedo negar que algunas de las analogías, conexiones y enlaces que contiene me han parecido dignas de consideración[27].

Siete

Si realmente es un carácter general de los instintos el querer reconstituir un estado anterior, no tenemos por qué maravillarnos de que en la vida anímica tengan lugar tantos procesos independientemente del principio del placer. Este carácter se comunicaría a cada uno de los instintos parciales y tendería a la nueva consecución de una estación determinada de la ruta evolutiva. Pero todo esto que escapa aún al dominio del principio del placer no tendrá que ser necesariamente contrario a él. Lo que sucede es que todavía no se ha resuelto el problema de determinar la relación de los procesos de repetición instintivos con el dominio de dicho principio.

Hemos reconocido como una de las más tempranas e importantes funciones del aparato anímico la de «ligar» los impulsos instintivos afluyentes, sustituir el proceso primario que los rige por el proceso secundario y transformar su carga psíquica móvil en carga en reposo (tónica). Durante esta transformación no puede tenerse en cuenta el desarrollo del displacer, pero el principio de placer no queda por ello derrocado. La transformación sucede más bien en su favor, pues la ligadura es un acto preparatorio que introduce y asegura su dominio.

Separemos función y tendencia, una de otra, más decisivamente que hasta ahora. El principio del placer será entonces una tendencia que estará al servicio de una función encargada de despojar de excitaciones al aparato anímico, mantener en él constante el montante de la excitación o conservarlo lo más bajo posible. No podemos decidirnos seguramente por ninguna de estas tres opiniones, pero observamos que la función así determinada tomaría parte en la aspiración más general de todo lo animado, la de retornar a la quietud del mundo inorgánico. Todos hemos experimentado que el máximo placer que nos es concedido, el del acto sexual, está ligado a la instantánea extinción de una elevadísima excitación. La ligadura del impulso instintivo sería una función preparatoria que dispondría a la excitación para su excitación final en el placer de descarga.

Surge aquí mismo el problema de si las sensaciones de placer y displacer pueden ser producidas en igual forma por los procesos excitantes ligados que por los desligados. Es evidente que los procesos desligados o primarios producen sensaciones mucho más intensas que los ligados o secundarios. Los procesos primarios son temporalmente más tempranos; al principio de la vida anímica sólo ellos existen, y si el principio del placer no se hallase ya en actividad en ellos, no podría tampoco establecerse para los posteriores. Llegamos así al resultado, harto complejo en el fondo, de que la aspiración al placer se manifiesta más intensamente al principio de la vida que después, aunque no tan ilimitadamente, pues tiene que tolerar frecuentes rupturas. En épocas de mayor madurez está más asegurada la vigencia del principio del placer, pero él mismo no ha escapado a la doma, como no escapa ninguno de los demás instintos. De todos modos, aquello que hace surgir en el proceso excitante las sensaciones de placer y displacer tiene que existir tanto en el proceso secundario como en el primario.

Sería éste el momento de emprender estudios más amplios. Nuestra conciencia nos facilita desde el interior no sólo las sensaciones de placer y displacer, sino también la de una peculiar tensión que puede ser agradable o desagradable. ¿Son los procesos de energía ligados y desligados los que debemos diferenciar por medio de estas sensaciones, o debe referirse la sensación de tensión a la magnitud absoluta o eventualmente al nivel de la carga, mientras que la serie placer-displacer indica la variación de la magnitud de la misma en la unidad de tiempo? Es también harto extraño que los instintos de vida sean los que con mayor intensidad registra nuestra percepción interna, dado que aparecen como perturbadores y traen incesantemente consigo tensiones cuya descarga es sentida como placer, mientras que los instintos de muerte parecen efectuar silenciosamente su labor. El principio del placer parece hallarse al servicio de los instintos de muerte, aunque también vigile a las excitaciones exteriores, que son consideradas como un peligro por las dos especies de instintos, pero especialmente a las elevaciones de excitación procedentes del interior, que tienden a dificultar la labor vital. Con este punto se enlazan otros numerosos problemas cuya solución no es por ahora posible. Debemos ser pacientes y esperar la aparición de nuevos medios y motivos de investigación, pero permaneciendo siempre dispuestos a abandonar, en el momento en que veamos que no conduce a nada útil, el camino seguido durante algún tiempo. Tan sólo aquellos crédulos que piden a la ciencia un sustitutivo del abandonado catecismo podrán reprochar al investigador el desarrollo o modificación de sus opiniones. Por lo demás, dejemos que un poeta nos consuele de los lentos progresos de nuestro conocimiento científico:

> Si no se puede avanzar volando, bueno es progresar cojeando,
> pues está escrito que no es pecado el cojear [28].

El porvenir de una ilusión

Uno

Todo aquel que ha vivido largo tiempo dentro de una determinada cultura y se ha planteado repetidamente el problema de cuáles fueron los orígenes y la trayectoria evolutiva de la misma, acaba por ceder también alguna vez a la tentación de orientar su mirada en sentido opuesto y preguntarse cuáles serán los destinos futuros de tal cultura y por qué avatares habrá aún de pasar. No tardamos, sin embargo, en advertir que ya el valor inicial de tal investigación queda considerablemente disminuido por la acción de varios factores. Ante todo, son muy pocas las personas capaces de una visión total de la actividad humana en sus múltiples modalidades. La inmensa mayoría de los hombres se ha visto obligada a limitarse a escasos sectores o incluso a uno solo. Y cuanto menos sabemos del pasado y del presente, tanto más inseguro habrá de ser nuestro juicio sobre el porvenir. Pero, además, precisamente en la formación de este juicio intervienen, en un grado muy difícil de precisar, las esperanzas subjetivas individuales, las cuales dependen, a su vez, de factores puramente personales, esto es, de la experiencia de cada uno y de su actitud más o menos optimista ante la vida, determinada por el temperamento, el éxito o el fracaso. Por último, ha de tenerse también en cuenta el hecho singular de que los hombres viven, en general, el presente con una cierta ingenuidad; esto es, sin poder llegar a valorar exactamente sus contenidos. Para ello tienen que considerarlo a distancia, lo cual supone que el presente ha de haberse convertido en pretérito para que podamos hallar en él puntos de apoyo en que basar un juicio sobre el porvenir.

Así, pues, al ceder a la tentación de pronunciarnos sobre el porvenir probable de nuestra cultura, obraremos prudentemente teniendo en cuenta los reparos antes indicados al mismo tiempo que la inseguridad inherente a toda predicción. Por lo que a mí respecta, tales consideraciones me llevarán a apartarme rápidamente de la magna labor total y a refugiarme en el pequeño sector parcial al que hasta ahora he consagrado mi atención, limitándome a fijar previamente su situación dentro de la totalidad.

La cultura humana —entendiendo por tal todo aquello en que la vida humana ha superado sus condiciones zoológicas y se distingue de la vida de los animales, y desdeñando establecer entre los conceptos de cultura y civilización separación alguna—; la cultura humana, repetimos, muestra, como es sabido, al observador dos distintos aspectos. Por un lado, comprende todo el saber y el poder conquistados por los hombres para llegar a dominar las fuerzas de la Naturaleza y extraer los bienes naturales con que satisfacer las necesidades humanas, y por otro, todas las organizaciones necesarias para regular las relaciones de los hombres entre sí y muy especialmente la distribución de los bienes naturales alcanzables. Estas dos direcciones de la cultura no son independientes una de otra, en primer lugar, porque la medida en que los bienes existentes consienten la satisfacción de los instintos ejerce profunda influencia sobre las relaciones de los hombres entre sí; en segundo, porque también el hombre mismo, individualmente considerado, puede representar un bien natural para otro en cuanto éste utiliza su capacidad de trabajo o hace de él su objeto sexual.

Pero, además, porque cada individuo es virtualmente un enemigo de la civilización, a pesar de tener que reconocer su general interés humano. Se da, en efecto, el hecho singular de que los hombres, no obstante serles imposible existir en el aislamiento, sienten como un peso intolerable los sacrificios que la civilización les impone para hacer posible la vida en común. Así, pues, la cultura ha de ser defendida contra el individuo, y a esta defensa responden todos sus mandamientos, organizaciones e instituciones, los cuales no tienen tan sólo por objeto efectuar una determinada distribución de los bienes naturales, sino también mantenerla e incluso defender contra los impulsos hostiles de los hombres los medios existentes para el dominio de la Naturaleza y la producción de bienes. Las creaciones de los hombres son fáciles de destruir, y la ciencia y la técnica por ellos edificada pueden también ser utilizadas para su destrucción.

Experimentamos así la impresión de que la civilización es algo que fue impuesto a una mayoría contraria a ella por una minoría que supo apoderarse de los medios de poder y de coerción. Luego no es aventurado suponer que estas dificultades no son inherentes a la esencia misma de la cultura, sino que dependen de las imperfecciones de las formas de cultura desarrolladas hasta ahora. Es fácil, en efecto, señalar tales imperfecciones. Mientras que en el dominio de la Naturaleza ha realizado la Humanidad continuos progresos y puede esperarlos aún mayores, no puede hablarse de un progreso análogo en la regulación de las relaciones humanas, y probablemente en todas las épocas, como de nuevo ahora, se han preguntado muchos hombres si esta parte de las conquistas culturales merece, en general, ser defendida. Puede creerse en la posibilidad de una nueva regulación de las relaciones humanas, que cegará las fuentes del descontento ante la cultura, renunciando a la coerción y a la yugulación de los instintos, de manera que los hombres puedan consagrarse, sin ser perturbados por la discordia interior, a la adquisición y al disfrute de los bienes terrenos. Esto sería la edad de oro, pero es muy dudoso que pueda llegarse a ello.

Parece, más bien, que toda la civilización ha de basarse sobre la coerción y la renuncia a los instintos, y ni siquiera puede asegurarse que al desaparecer la coerción se mostrase dispuesta la mayoría de los individuos humanos a tomar sobre sí la labor necesaria para la adquisición de nuevos bienes. A mi juicio, ha de contarse con el hecho de que todos los hombres integran tendencias destructoras —antisociales y anticulturales— y que en gran número de personas tales tendencias son bastante poderosas para determinar su conducta en la sociedad humana.

Este hecho psicológico presenta un sentido decisivo para el enjuiciamiento de la cultura humana. En un principio pudimos creer que su función esencial era el dominio de la Naturaleza para la conquista de los bienes vitales y que los peligros que la amenazan podían ser evitados por medio de una adecuada distribución de dichos bienes entre los hombres. Mas ahora vemos desplazado el nódulo de la cuestión desde lo material a lo anímico. Lo decisivo está en si es posible aminorar, y en qué medida, los sacrificios impuestos a los hombres en cuanto a la renuncia a la satisfacción de sus instintos, conciliarlos con aquellos que continúen siendo necesarios y compensarles de ellos. El dominio de la masa por una minoría seguirá demostrándose siempre tan imprescindible como la imposición coercitiva de la labor cultural, pues las masas son perezosas e ignorantes, no admiten gustosas la renuncia al instinto, siendo útiles cuantos argumentos se aduzcan para convencerlas de lo inevitable de tal renuncia, y sus individuos se apoyan unos a otros en la tolerancia de su desenfreno. Unicamente la influencia de individuos ejemplares a los que reconocen como conductores puede moverlas a aceptar aquellos esfuerzos y privaciones imprescindibles para la perduración de la cultura. Todo irá entonces bien mientras que tales conductores sean personas que posean un profundo conocimiento de las necesidades de la vida y que se hayan elevado hasta el dominio de sus propios deseos instintivos. Pero existe el peligro de que para conservar su influjo hagan a las masas mayores concesiones que éstas a ellos, y por tanto, parece necesario que la posesión de medios de poder los haga independientes de la colectividad. En resumen: el hecho de que sólo mediante cierta coerción puedan ser mantenidas las instituciones culturales es imputable a dos circunstancias ampliamente difundidas entre los hombres: la falta de amor al trabajo y la ineficacia de los argumentos contra las pasiones.

Sé de antemano la objeción que se opondrá a estas afirmaciones. Se dirá que la condición que acabamos de atribuir a las colectividades humanas, y en la que vemos una prueba de la necesidad de una coerción que imponga la labor cultural, no es por sí misma sino una consecuencia de la existencia de instituciones culturales defectuosas que han exasperado a los hombres haciéndolos vengativos e inasequibles. Nuevas generaciones, educadas con amor y en la más alta estimación del pensamiento, que hayan experimentado desde muy temprano los beneficios de la cultura, adoptarán también una distinta actitud ante ella, la considerarán como su más preciado patrimonio y estarán dispuestas a realizar todos aquellos sacrificios necesarios para su perduración, tanto en trabajo como en renuncia a la satisfacción de los instintos. Harán innecesaria la coerción y se diferenciarán muy poco de sus conductores. Si hasta ahora no ha habido en ninguna cultura colectividades humanas de esta condición, ello se debe a que ninguna cultura ha acertado aún con instituciones capaces de influir sobre los hombres en tal sentido y precisamente desde su infancia.

Podemos preguntarnos si nuestro dominio sobre la Naturaleza permite ya, o permitirá algún día, el establecimiento de semejantes instituciones culturales, e igualmente de dónde habrán de surgir aquellos hombres superiores, prudentes y desinteresados que hayan de actuar como conductores de las masas y educadores de las generaciones futuras. Puede intimidarnos la magna coerción inevitable para la consecución de estos propósitos. Pero no podemos negar la grandeza del proyecto ni su importancia para el porvenir de la cultura humana. Se nos muestra basado en el hecho psicológico de que el hombre integra las más diversas disposiciones instintivas, cuya orientación definitiva es determinada por las tempranas experiencias infantiles. De este modo, los límites de la educabilidad del hombre supondrán también los de la eficacia de tal transformación cultural. Podemos preguntarnos si un distinto ambiente cultural puede llegar a extinguir, y en qué medida, los dos caracteres de las colectividades humanas antes señaladas, que tanto dificultan su conducción. Tal experimento está aún por hacer. Probablemente cierto tanto por ciento de la Humanidad permanecerá siempre asocial, a consecuencia de una disposición patológica o de una exagerada energía de los instintos. Pero si se consigue reducir a una minoría la actual mayoría hostil a la cultura, se habrá alcanzado mucho, quizá todo lo posible.

No quisiera despertar la impresión de haberme desviado mucho del camino prescrito a mi investigación y, por tanto, he de afirmar explícitamente que no me he propuesto en absoluto enjuiciar el gran experimento de cultura emprendido actualmente en el amplio territorio situado entre Europa y Asia. Carezco de conocimiento suficiente de la cuestión y de capacidad para pronunciarme sobre sus posibilidades, contrastar la adecuación de los métodos aplicados o estimar la magnitud del abismo inevitable entre el propósito y la realización. Lo que allí se prepara, inacabado aún, elude, como tal, una precisa observación, a la cual ofrece, en cambio, rica materia nuestra cultura, consolidada hace ya largo tiempo.

Dos

Hemos pasado inadvertidamente de lo económico a lo psicológico. Al principio nos inclinamos a buscar el patrimonio cultural en los bienes existentes y en las instituciones para su distribución. La conclusión de que toda cultura reposa en la imposición coercitiva del trabajo y en la renuncia a los instintos, provocando, por consiguiente, la oposición de aquellos sobre los cuales recaen tales exigencias, nos hace ver claramente que los bienes mismos, los medios para su conquista y las disposiciones para su distribución no pueden ser el contenido único, ni siquiera el contenido esencial de la cultura, puesto que se hallan amenazados por la rebeldía y el ansia de destrucción de los partícipes de la misma. Al lado de los bienes se sitúan ahora los medios necesarios para defender la cultura; esto es, los medios de coerción y los conducentes a reconciliar a los hombres con la cultura y a compensarles sus sacrificios. Estos últimos medios constituyen lo que pudiéramos considerar como el patrimonio espiritual de la cultura.

Con objeto de mantener cierta regularidad en nuestra nomenclatura, denominaremos interdicción al hecho de que un instinto no pueda ser satisfecho, prohibición a la institución que marca tal interdicción y privación al estado que la prohibición trae consigo. Lo más inmediato será establecer una distinción entre aquellas privaciones que afectan a todos los hombres y aquellas otras que sólo recaen sobre grupos, clases o individuos determinados. Las primeras son las más antiguas; con las prohibiciones en las que tienen su origen inició la cultura hace muchos milenios el desligamiento del estado animal primitivo. Para nuestra sorpresa, hemos hallado que se mantienen aún en vigor, constituyendo todavía el nódulo de la hostilidad contra la cultura. Los deseos instintivos sobre los que gravitan nacen de nuevo con cada criatura humana. Existe una clase de hombres, los neuróticos, en los que ya estas interdicciones provocan una reacción asocial. Tales deseos instintivos son el incesto, el canibalismo y el homicidio. Extrañará, quizá, ver reunidos estos deseos instintivos, en cuya condenación aparecen de acuerdo todos los hombres, con aquellos otros sobre cuya permisión o interdicción se lucha tan ardientemente en nuestra cultura, pero psicológicamente está justificado. La actitud cultural ante estos más antiguos deseos instintivos no es tampoco uniforme; tan sólo el canibalismo es unánimemente condenado y, salvo para la observación psicoanalítica, parece haber sido dominado por completo. La intensidad de los deseos incestuosos se hace aún sentir detrás de la prohibición, y el homicidio es todavía practicado e incluso ordenado en nuestra cultura bajo determinadas condiciones. Probablemente habrán de sobrevenir nuevas evoluciones de la cultura, en las cuales determinadas satisfacciones de deseos, perfectamente posibles hoy, parecerán tan inadmisibles como hoy la del canibalismo.

Ya en estas más antiguas renuncias al instinto interviene un factor psicológico que integra también suma importancia en todas las ulteriores. Es inexacto que el alma humana no haya realizado progreso alguno desde los tiempos más primitivos y que, en contraposición a los progresos de la ciencia y la técnica, sea hoy la misma que al principio de la Historia. Podemos indicar aquí uno de tales progresos anímicos. Una de las características de nuestra evolución consiste en la transformación paulatina de la coerción externa en coerción interna por la acción de una especial instancia psíquica del hombre, el *super-yo*, que va acogiendo la coerción externa entre sus mandamientos.

En todo niño podemos observar el proceso de esta transformación, que es la que hace de él un ser moral y social. Este robustecimiento del *super-yo* es uno de los factores culturales psicológicos más valiosos. Aquellos individuos en los cuales ha tenido efecto cesan de ser adversarios de la civilización y se convierten en sus más firmes substratos. Cuanto mayor sea su número en un sector de cultura, más segura se hallará ésta y antes podrá prescindir de los medios externos de coerción. La medida de esta asimilación de la coerción externa varía mucho según el instinto sobre el cual recaiga la prohibición.

En cuanto a las exigencias culturales más antiguas, antes detalladas, parece haber alcanzado —si excluimos a los neuróticos, excepción indeseada— una gran amplitud. Pero su proporción varía mucho con respecto a los demás instintos. Al volver a ellos nuestra vista, advertimos con sorpresa y alarma que una multitud de individuos no obedece a las prohibiciones culturales correspondientes más que bajo la presión de la coerción externa; esto es, sólo mientras tal coerción constituye una amenaza real e ineludible. Así sucede muy especialmente en lo que se refiere a las llamadas exigencias morales de la civilización, prescritas también por igual a todo individuo. La mayor parte de las transgresiones de que los hombres se hacen culpables lesionan estos preceptos. Infinitos hombres civilizados, que retrocederían temerosos ante el homicidio o el incesto, no se privan de satisfacer su codicia, sus impulsos agresivos y sus caprichos sexuales, ni de perjudicar a sus semejantes con la mentira, el fraude y la calumnia, cuando pueden hacerlo sin castigo, y así viene sucediendo, desde siempre, en todas las civilizaciones.

En lo que se refiere a las restricciones que sólo afectan a determinadas clases sociales, la situación se nos muestra claramente y no ha sido nunca un secreto para nadie. Es de suponer que estas clases postergadas envidiarán a las favorecidas sus privilegios y harán todo lo posible por libertarse del incremento especial de privación que sobre ellas pesa. Donde no lo consigan, surgirá en la civilización correspondiente un descontento duradero que podrá conducir a peligrosas rebeliones. Pero cuando una civilización no ha logrado evitar que la satisfacción de un cierto número de sus partícipes tenga como premisa la opresión de otros, de la mayoría quizá —y así sucede en todas las civilizaciones actuales—, es comprensible que los oprimidos desarrollen una intensa hostilidad contra la civilización que ellos mismos sostienen con su trabajo, pero de cuyos bienes no participan sino muy poco. En este caso no puede esperarse por parte de los oprimidos una asimilación de las prohibiciones culturales, pues, por el contrario, se negarán a reconocerlas, tenderán a destruir la civilización misma y eventualmente a suprimir sus premisas. La hostilidad de estas clases sociales contra la civilización es tan patente, que ha monopolizado la atención de los observadores, impidiéndoles ver la que latentemente abrigan también las otras capas sociales más favorecidas. No hace falta decir que una cultura que deja insatisfecho a un núcleo tan considerable de sus partícipes y los incita a la rebelión no puede durar mucho tiempo, ni tampoco lo merece.

El grado de asimilación de los preceptos culturales —o dicho de un modo popular y nada psicológico: el nivel moral de los partícipes de una civilización— no es el único patrimonio espiritual que ha de tenerse en cuenta para valorar la civilización de que se trate. Ha de atenderse también a su acervo de ideales y a su producción artística; esto es, a las satisfacciones extraídas de estas dos fuentes.

Nos inclinaremos demasiado fácilmente a incluir entre los bienes espirituales de una civilización sus ideales; esto es, las valoraciones que determinan en ella cuáles son los rendimientos más elevados a los que deberá aspirarse.

Al principio parece que estos ideales son los que han determinado y determinan los rendimientos de la civilización correspondiente, pero no tardamos en advertir que, en realidad, sucede todo lo contrario: los ideales quedan forjados como una secuela de los primeros rendimientos obtenidos por la acción conjunta de las dotes intrínsecas de una civilización y las circunstancias externas, y estos primeros rendimientos son retenidos ya por el ideal para ser continuados. Así, pues, la satisfacción que el ideal procura a los partícipes de una civilización es de naturaleza narcisista y reposa en el orgullo del rendimiento obtenido. Para ser completa precisa de la comparación con otras civilizaciones que han tendido hacia resultados distintos y han desarrollado ideales diferentes. De este modo, los ideales culturales se convierten en motivo de discordia y hostilidad entre los distintos sectores civilizados, como se hace patente entre las naciones.

La satisfacción narcisista extraída del ideal cultural es uno de los poderes que con mayor éxito actúan en contra de la hostilidad adversa a la civilización, dentro de cada sector civilizado. No sólo las clases favorecidas que gozan de los beneficios de la civilización correspondiente, sino también las oprimidas, participan de tal satisfacción, en cuanto el derecho a despreciar a los que no pertenecen a su civilización les compensa de las limitaciones que la misma les impone a ellos. Cayo es un mísero plebeyo agobiado por los tributos y las prestaciones personales, pero es también un romano, y participa como tal en la magna empresa de dominar a otras naciones e imponerles leyes. Esta identificación de los oprimidos con la clase que los oprime y los explota no es, sin embargo, más que un fragmento de una más amplia totalidad, pues, además, los oprimidos pueden sentirse afectivamente ligados a los opresores y, a pesar de su hostilidad, ver en sus amos su ideal. Si no existieran estas relaciones, satisfactorias en el fondo, sería incomprensible que ciertas civilizaciones se hayan conservado tanto tiempo, a pesar de la justificada hostilidad de grandes masas de hombres.

La satisfacción que el arte procura a los partícipes de una civilización es muy distinta, aunque, por lo general, permanece inasequible a las masas, absorbidas por el trabajo agotador y poco preparadas por la educación. Como ya sabemos, el arte ofrece satisfacciones sustitutivas compensadoras de las primeras y más antiguas renuncias impuestas por la civilización al individuo —las más hondamente sentidas aún—, y de este modo es lo único que consigue reconciliarle con sus sacrificios. Pero, además, las creaciones del arte intensifican los sentimientos de identificación, de los que tanto precisa todo sector civilizado, ofreciendo ocasiones de experimentar colectivamente sensaciones elevadas. Por último, contribuyen también a la satisfacción narcisista cuando representan el rendimiento de una civilización especial y expresan en forma impresionante sus ideales.

No hemos citado aún el elemento más importante del inventario psíquico de una civilización. Nos referimos a sus representaciones religiosas —en el más amplio sentido— o, con otras palabras que más tarde justificaremos, a sus ilusiones.

Tres

¿En qué consiste el singular valor de las ideas religiosas? Hemos hablado de una hostilidad contra la civilización, engendrada por la presión que la misma ejerce sobre el individuo, imponiéndole la renuncia a los instintos. Supongamos levantadas de pronto sus prohibiciones: el individuo podrá elegir como objeto sexual a cualquier mujer que encuentre a su gusto, podrá desembarazarse sin temor alguno de los rivales que se la disputen, y en general de todos aquellos que se interpongan de algún modo en su camino, y podrá apropiarse los bienes ajenos sin pedir siquiera permiso a sus dueños. La vida parece convertirse así en una serie ininterrumpida de satisfacciones. Pero en seguida tropezamos con una primera dificultad. Todos los demás hombres abrigan los mismos deseos que yo, y no han de tratarme con más consideración que yo a ellos. Resulta, pues, que en último término, sólo un único individuo puede llegar a ser ilimitadamente feliz con esta supresión de las restricciones de la civilización: un tirano, un dictador que se haya apoderado de todos los medios de poder, y aun para este individuo será muy deseable que los demás observen, por lo menos, uno de los mandamientos culturales: el de no matar.

Pero el hecho de aspirar a una supresión de la cultura testimoniaría de una ingratitud manifiesta y de una acusada miopía espiritual. Suprimida la civilización, lo que queda es el estado de naturaleza, mucho más difícil de soportar. Desde luego, la Naturaleza no impone la menor limitación a nuestros instintos y nos deja obrar con plena libertad; pero, en último término, posee también su modo especial de limitarnos: nos suprime, a nuestro juicio, con fría crueldad, y preferentemente con ocasión de nuestras satisfacciones. Precisamente estos peligros, con los que nos amenaza la Naturaleza, son los que nos han llevado a unirnos y a crear la civilización que, entre otras cosas, ha de hacer posible la vida en común. La función capital de la cultura, su verdadera razón de ser, es defendernos contra la Naturaleza.

En algunos puntos lo ha conseguido ya bastante y es de esperar que vaya lográndolo cada vez mejor; pero nadie cae en el error de creer ya totalmente sojuzgada a la Naturaleza, y sólo algunos se atreven a esperar que llegará un día en el cual quede sometida por completo a los hombres. Están los elementos que parecen burlarse de toda coerción humana: la tierra, que tiembla, se abre y sepulta a los hombres con la obra de su trabajo; el agua, que inunda y ahoga; la tempestad, que destruye y arruina, y las enfermedades, en las que sólo recientemente hemos reconocido los ataques de otros seres animados; está, por último, el doloroso enigma de la muerte, contra la cual no se ha hallado aún, ni se hallará probablemente, la triaca. Con estas poderosas armas se alza contra nosotros la Naturaleza, magna, cruel e inexorable, y presenta una y otra vez a nuestros ojos nuestra debilidad y nuestra indefensión, a las que pretendíamos escapar por medio de la obra de la cultura. Una de las pocas impresiones satisfactorias y elevadas que la Humanidad nos procura es la de verla olvidar, ante una catástrofe natural, la inconsistencia de su civilización, todas sus dificultades y sus disensiones internas, y recordar la gran obra común, su conservación contra la prepotencia de la Naturaleza.

Como para la Humanidad en conjunto, también para el individuo la vida es difícil de soportar. La civilización de la que participa le impone determinadas privaciones, y los demás hombres le infligen cierta medida de sufrimiento, bien a pesar de los preceptos de la civilización, bien a consecuencia de la imperfección de la misma, agregándose a todo esto los daños que recibe de la Naturaleza indominada, a la que él llama el Destino. Esta situación ha de provocar en el hombre un continuo temor angustiado y una grave lesión de su narcisismo natural. Sabemos ya cómo reacciona el individuo a los daños que le infiere la civilización o le son causados por los demás: desarrolla una resistencia proporcional contra las instituciones de la civilización correspondiente, cierto grado de hostilidad contra la cultura. Pero ¿cómo se defiende de los poderes prepotentes de la Naturaleza, de la amenaza del Destino?

La civilización toma también a su cargo esta función defensora y la cumple por todos y para todos en igual forma, dándose el hecho singular de que casi todas las civilizaciones proceden aquí del mismo modo. No detiene en este punto su labor de defender al hombre contra la Naturaleza, sino que la continúa con otros medios. Esta función toma ahora un doble aspecto: el hombre, gravemente amenazado, demanda consuelo, pide que el mundo y la vida queden libres de espantos; pero, al mismo tiempo, su ansia de saber, impulsada, desde luego, por decisivos intereses prácticos, exige una respuesta.

El primer paso es ya una importante conquista. Consiste en humanizar la Naturaleza. A las fuerzas impersonales, al Destino, es imposible aproximarse; permanecen eternamente incógnitas. Pero si en los elementos rugen las mismas pasiones que en el alma del hombre, si la muerte misma no es algo espontáneo, sino el crimen de una voluntad perversa; si la Naturaleza está poblada de seres como aquellos con los que convivimos, respiraremos aliviados, nos sentiremos más tranquilos en medio de lo inquietante y podremos elaborar psíquicamente nuestra angustia. Continuamos acaso inermes, pero ya no nos sentimos, además, paralizados; podemos, por lo menos, reaccionar, e incluso nuestra indefensión no es quizá ya tan absoluta, pues podemos emplear contra estos poderosos superhombres que nos acechan fuera los mismos medios de que nos servimos dentro de nuestro círculo social; podemos intentar conjurarlos, apaciguarlos y sobornarlos, despojándoles así de una parte de su poderío. Esta sustitución de una ciencia natural por una psicología no sólo proporciona al hombre un alivio inmediato, sino que le muestra el camino por el que llega a dominar más ampliamente la situación.

Esta situación no constituye, en efecto, nada nuevo. Tiene un precedente infantil, y no es, en realidad, más que la continuación del mismo. De niños, todos hemos pasado por un período de indefensión con respecto a nuestros padres —a nuestro padre, sobre todo—, que nos inspiraba un profundo temor, aunque al mismo tiempo estábamos seguros de su protección contra los peligros que por entonces conocíamos. Así, no era difícil asimilar ambas situaciones, proceso en el cual hubo de intervenir también, como en la vida onírica, el deseo. Cuando un presagio de muerte asalta al durmiente y quiere hacerle asistir a su propio entierro, la elaboración onírica sabe elegir las circunstancias en las cuales también este suceso tan temido se convierte en la realización de un deseo, y el durmiente se ve en un sepulcro etrusco, al que ha descendido encantado de poder satisfacer sus curiosidades arqueológicas. Obrando de un modo análogo, el hombre no transforma sencillamente las fuerzas de la Naturaleza en seres humanos, a los que puede tratar de igual a igual —cosa que no correspondería a la impresión de superioridad que tales fuerzas le producen—, sino que las reviste de un carácter paternal y las convierte en dioses, conforme a un prototipo infantil, y también según hemos intentado ya demostrar en otro lugar, a un prototipo filogénico.

Andando el tiempo surgen luego las primeras observaciones de la regularidad y la normatividad de los fenómenos físicos, y las fuerzas naturales pierden sus caracteres humanos. Pero la indefensión de los hombres continúa, y con ello perdura su necesidad de una protección paternal y perduran los dioses, a los cuales se sigue atribuyendo una triple función: espantar los terrores de la Naturaleza, conciliar al hombre con la crueldad del Destino, especialmente tal y como se manifiesta en la muerte, y compensarle de los dolores y las privaciones que la vida civilizada en común le impone.

Pero poco a poco va desplazándose el acento dentro de estas funciones. Se observa que los fenómenos naturales se desarrollan espontáneamente conforme a leyes internas, pero los dioses no dejan por ello de seguir siendo dueños y señores de la Naturaleza: la han creado y organizado de esta suerte y pueden ya abandonarla a sí misma. Sólo de cuando en cuando intervienen en su curso con algún milagro, como para demostrar que no han renunciado a nada de lo que constituía su poder primitivo. Por lo que respecta a la distribución de los destinos humanos, perdura siempre una inquieta sospecha de que la indefensión y el abandono de los hombres tienen poco remedio. En este punto fallan en seguida los dioses, y si realmente son ellos quienes marcan a cada hombre su destino, es de pensar que sus designios son impenetrables. El pueblo mejor dotado de la antigüedad vislumbró la existencia de un poder superior a los dioses —la *moira*—, y sospechó que estos mismos tenían marcados sus destinos. Cuanto más independiente se hace la Naturaleza y más se retiran de ella los dioses, tanto más intensamente van concentrándose las esperanzas en derredor de la tercera de las funciones a ellos encomendadas, llegando a ser así lo moral su verdadero dominio. De este modo, la función encomendada a la divinidad resulta ser la de compensar los defectos y los daños de la civilización, precaver los sufrimientos que los hombres se causan unos a otros en la vida en común y velar por el cumplimiento de los preceptos culturales, tan mal seguidos por los hombres. A estos preceptos mismos se les atribuye un origen divino situándolos por encima de la sociedad humana y extendiéndolos al suceder natural y universal.

Se crea así un acervo de representaciones, nacido de la necesidad de hacer tolerable la indefensión humana, y formado con el material extraído del recuerdo de la indefensión de nuestra propia infancia individual, y de la infancia de la Humanidad. Fácilmente se advierte que este tesoro de representaciones protege a los hombres en dos direcciones distintas: contra los peligros de la Naturaleza y del Destino y contra los daños de la propia sociedad humana. Su contenido, sintéticamente enunciado, es el siguiente: la vida en este mundo sirve a un fin más alto, nada fácil de adivinar desde luego, pero que significa seguramente un perfeccionamiento del ser humano. El objeto de esta superación y elevación ha de ser probablemente la parte espiritual del hombre, el alma, que tan lenta y rebeldemente se ha ido separando del cuerpo en el transcurso de los tiempos. Todo lo que en este mundo sucede, sucede en cumplimiento de los propósitos de una inteligencia superior, que, por caminos y rodeos difíciles de perseguir, lo conduce todo en definitiva hacia el bien; esto es, hacia lo más satisfactorio para el hombre. Sobre cada uno de nosotros vela una guarda bondadosa, sólo en apariencia severa, que nos preserva de ser juguete de las fuerzas naturales, prepotentes e inexorables. La muerte misma no es un aniquilamiento, un retorno a lo inanimado anorgánico, sino el principio de una existencia y el tránsito a una evolución superior. Por otro lado, las mismas leyes morales que nuestras civilizaciones han estatuido rigen también el suceder universal, guardadas por una suprema instancia justiciera, infinitamente más poderosa y consecuente. Todo lo bueno encuentra al fin su recompensa, y todo lo malo, su castigo, cuando no ya en esta vida sí en las existencias ulteriores, que comienzan después de la muerte.

De este modo quedan condenados a desaparecer todos los terrores, los sufrimientos y asperezas de la vida. La vida de ultratumba, que continúa nuestra vida terrenal como la parte invisible del espectro solar continúa la visible, trae consigo toda la perfección que aquí hemos echado de menos. La suprema sabiduría que dirige este proceso, la suprema bondad que en él se manifiesta y la justicia que en él se cumple son los atributos de los seres divinos que nos han creado y han creado el Universo entero. O, mejor dicho, de aquel único ser divino, en el que nuestras civilizaciones han condensado el politeísmo de épocas anteriores. El pueblo que primero consiguió semejante condensación de los atributos divinos se mostró muy orgulloso de tal progreso. Había revelado el nódulo paternal, oculto desde siempre detrás de toda imagen divina. Pero, en el fondo, esto no significa sino un retroceso a los comienzos históricos de la idea de Dios.

No habiendo ya más que un solo y único Dios, las relaciones con él pudieron recobrar todo el fervor y toda la intensidad de las relaciones infantiles del individuo con su padre. Mas a cambio de tanto amor se quiere una recompensa: ser el hijo predilecto, el pueblo elegido. Mucho tiempo después ha elevado la piadosa América la pretensión de ser *God's own country*, y lo es ciertamente en cuanto a una de las formas bajo las cuales adoran los hombres a la divinidad.

Las ideas religiosas sintéticamente enunciadas en lo que precede han pasado, claro está, por una larga evolución y han sido retenidas por diversas civilizaciones en distintas fases. En el presente ensayo hemos aislado una sola de estas fases evolutivas: la de su cristalización definitiva en nuestra actual civilización blanca, cristiana. No es difícil observar que en el conjunto formado por estas ideas no todos los elementos armonizan igualmente bien entre sí, y que ni se da con ellas respuesta a todas las interrogaciones apremiantes ni resulta tampoco tarea fácil defenderlas de la constante contradicción de la experiencia cotidiana.

Pero así y todo, estas representaciones, religiosas en el más amplio sentido, pasan por ser el tesoro más precioso de la civilización, lo más valioso que la misma puede ofrecer a sus partícipes, y son más estimadas que las artes de beneficiar los tesoros de la tierra, procurar a la Humanidad su alimento o vencer las enfermedades. Los hombres creen no poder soportar la vida si no dan a estas representaciones todo el valor al que para ellas se aspira. Habremos, pues, de preguntarnos qué significan estas ideas a la luz de la Psicología, de dónde extraen su alta estimación y —con interrogación harto tímida— cuál es su verdadero valor.

Cuatro

Una investigación que avanza libre de objeciones exteriores, como un monólogo, corre cierto peligro. Es muy fácil ceder, además, a la tentación de apartar a un lado aquellas ideas propias que tratan de interrumpirla, y todo ello se paga con una sensación de inseguridad, que luego se quiere encubrir por medio de conclusiones demasiado radicales. Así, pues, situaré frente a mí un adversario que siga mi exposición con desconfiada crítica y le cederé la palabra de cuando en cuando.

Por lo pronto le oigo ya decir: «Se ha servido usted repetidamente de expresiones que me han producido cierta extrañeza. Ha dicho usted, por ejemplo, que la civilización crea las representaciones religiosas y las pone a disposición de sus partícipes. Sin saber a punto fijo por qué, encuentro en estas afirmaciones algo extraño. No las encuentro tan naturales como encontraría, por ejemplo, la de que la civilización ha regulado el reparto de los productos del trabajo o los derechos sobre la mujer y el hijo.»

A mi juicio, tales afirmaciones están plenamente justificadas. He intentado mostrar que las representaciones religiosas han nacido de la misma fuente que todas las demás conquistas de la cultura: de la necesidad de defenderse contra la abrumadora prepotencia de la Naturaleza; necesidad a la que más tarde se añadió un segundo motivo: el impulso a corregir las penosas imperfecciones de la civilización. También es absolutamente exacto decir que la civilización procura al individuo estas ideas, pues el individuo las encuentra ya acabadas ante sí, y sería incapaz de hallarlas por sí mismo. Son para él como la tabla de multiplicar o la geometría: un legado de generaciones anteriores. La sensación de extrañeza que usted me objeta puede provenir, en parte, de que las ideas religiosas nos son presentadas como una revelación divina. Pero esa pretensión es ya una parte del sistema religioso, y desatiende por completo la evolución histórica de tales ideas y sus diferencias en las distintas épocas y civilizaciones.

«Hay todavía otra objeción, que creo más importante. Hace usted nacer el antropomorfismo de la Naturaleza de la necesidad de poner término a la perplejidad y a la indefensión de los hombres ante las fuerzas naturales, tan temidas; entrar en relación con ellas, y conquistar sobre ellas alguna influencia. A mi juicio, resulta completamente innecesario buscar semejante motivación. El hombre primitivo no puede hacer otra cosa; su pensamiento no puede seguir otro camino. El impulso a proyectar en el mundo su propio ser y ver en todos los sucesos que observa manifestaciones de seres análogos en el fondo a él mismo es algo natural y como innato en él. Es su único método de comprensión. Y el hecho de que abandonándose así simplemente a sus disposiciones naturales consiga satisfacer una de sus grandes necesidades, no es, desde luego nada esperado y axiomático, sino una coincidencia harto singular.»

Yo no lo encuentro tan chocante. ¿O acaso cree usted que el pensamiento del hombre no conoce motivo práctico ninguno y es tan sólo la expresión de una curiosidad desinteresada? No me parece probable. Creo más bien que, al personificar las fuerzas de la Naturaleza, sigue el hombre un precedente infantil. En su primera infancia descubrió ya que para llegar a adquirir alguna influencia sobre las personas que le rodeaban le era preciso entrar en relación con ellas, y posteriormente aplica este método, con igual propósito, a todo aquello que a su paso encuentra. No contradigo, pues, su observación descriptiva. Efectivamente, la tendencia a personificar todo aquello que quiere comprender —el dominio físico como preparación del dominio psíquico— es un impulso natural del hombre; pero yo expongo, además, el motivo y la génesis de esta peculiaridad del pensamiento humano.

«Un tercer reparo: en su libro *Tótem y tabú* ha tratado usted ya anteriormente del origen de la religión. Pero con muy distinto criterio. Allí todo queda reducido a la relación paternofilial. Dios es una superación del padre, y la necesidad de una instancia protectora —la nostalgia de un padre— es la raíz de la necesidad religiosa. Posteriormente parece haber descubierto usted un nuevo factor: la impotencia y la indefensión humanas, al que se adscribe corrientemente el papel principal en el origen de la religión, y ahora atribuye usted a la indefensión todo lo que antes era complejo paterno. ¿Puedo preguntarle a usted las razones de esta rectificación?»

Desde luego. Esperaba su demanda. En realidad, no hay tal rectificación. En la obra a que usted se refiere, *Tótem y tabú*, no se trataba de explicar la génesis de las religiones, sino únicamente la del totemismo. ¿Puede usted acaso explicar desde alguno de los puntos de vista conocidos que la primera forma en que la divinidad protectora se reveló a los hombres fuese la de un animal, y que se instituyera, al mismo tiempo que la prohibición de matar a dicho animal y comer de su carne, la costumbre solemne de sacrificarlo y comerlo una vez al año en colectividad? Esto es precisamente lo que sucede en el totemismo. Y no merece la pena discutir si el totemismo puede o no ser considerado como una religión. Entraña íntimas relaciones con las posteriores religiones deístas, y los animales totémicos se convierten luego en animales sagrados, adscritos a los distintos dioses. Igualmente, las primeras restricciones morales, las más decisivas y profundas —la prohibición del incesto y del homicidio—, nacen en los dominios del totemismo. Acepte usted o no las conclusiones deducidas en *Tótem y tabú*, habrá de reconocer que en este libro quedan reunidas en un todo consistente muchas cosas singulares, antes inconexas. Desde luego, apenas rozamos en él la razón de que el dios zoológico resultase a la larga insuficiente, teniendo que ser sustituido por un dios humano, y ni siquiera mencionamos varios otros problemas del origen de las religiones. Pero esta limitación de nuestro campo de estudio no equivale a una negación de la existencia de tales problemas. Nuestro trabajo se limitaba rigurosamente a definir la posible colaboración del psicoanálisis en la solución del problema religioso. Si ahora intento añadir otros factores menos ocultos, no debe usted acusarme de contradicción, como tampoco antes hubiese sido justo tacharme de unilateral. De mi cuenta corre, naturalmente, indicar el enlace entre lo anteriormente dicho y lo que ahora trato de exponer entre la motivación profunda y la manifiesta, entre el complejo paterno y la impotencia y necesidad de protección del hombre.

No es nada difícil hallar dicho enlace. Lo encontramos en las relaciones de la indefensión del niño con la del adulto, continuación de ella, resultando así, como era de esperar, que la motivación psicoanalítica de la génesis de la religión constituye la aportación infantil a su motivación manifiesta. Vamos a transferirnos a la vida anímica del niño pequeño. ¿Recuerda usted el proceso de la elección de objeto conforme al tipo infantil del que nos habla el análisis? La libido sigue los caminos de las necesidades narcisistas y se adhiere a aquellos objetos que aseguran la satisfacción de las mismas. De este modo la madre, que satisface el hambre, se constituye en el primer objeto amoroso y, desde luego, en la primera protección contra los peligros que nos amenazan desde el mundo exterior, en la primera protección contra la angustia, podríamos decir.

Sin embargo, la madre no tarda en ser sustituida en esta función por el padre, más fuerte, que la conserva ya a través de toda la infancia. Pero la relación del niño con el padre entraña una singular ambivalencia. En la primera fase de las relaciones del niño con la madre, el padre constituía un peligro y, en consecuencia, inspiraba tanto temor como cariño y admiración. Todas las religiones muestran profundamente impresos los signos de esta ambivalencia de la relación con el padre, según los expusimos ya en

Tótem y tabú, y cuando el individuo en maduración advierte que está predestinado a seguir siendo siempre un niño necesitado de protección contra los temibles poderes exteriores, presta a tal instancia protectora los rasgos de la figura paterna y crea sus dioses, a los que, sin embargo de temerlos, encargará de su protección. Así, pues, la nostalgia de un padre y la necesidad de protección contra las consecuencias de la impotencia humana son la misma cosa. La defensa contra la indefensión infantil presta a la reacción ante la impotencia que el adulto ha de reconocer, o sea precisamente a la génesis de la religión, sus rasgos característicos. Pero no entra en nuestros propósitos adentrarnos más en la investigación del desarrollo de la idea de Dios. A lo que hemos de atender es al acabado tesoro de representaciones religiosas que la civilización procura al individuo.

Cinco

Volviendo a nuestra investigación ¿cuál será, pues, la significación psicológica de las representaciones religiosas y dónde podremos clasificarlas?

Al principio no parece nada fácil dar respuesta a estas interrogaciones. Después de rechazar varias fórmulas, nos atendremos a la siguiente: son principios y afirmaciones sobre hechos y relaciones de la realidad exterior (o interior) en los que se sostiene algo que no hemos hallado por nosotros mismos y que aspiran a ser aceptados como ciertos. Particularmente estimados por ilustrarnos sobre lo más importante e interesante de la vida, ha de considerarse muy ignorante a quien nada sabe de ellos, y el que los acoge entre sus conocimientos, puede tenerse por considerablemente enriquecido.

Naturalmente hay muchos principios semejantes sobre las cosas más diversas de este mundo. Toda enseñanza está llena de ellos. Elijamos la clase de Geografía: en ella nos dicen que la ciudad de Constanza se alza en la orilla del lago de su nombre. Y una canción estudiantil añade:

«El que no lo crea, que vaya y lo vea.» Yo he ido allí casualmente, y puedo confirmar que la bella ciudad se encuentra emplazada a orillas de una vasta superficie líquida, conocida entre los habitantes del contorno con el nombre de lago de Constanza. Estoy, pues, plenamente convencido de la exactitud de aquella afirmación geográfica. A este propósito, recuerdo ahora otro singular suceso de mi vida. Siendo ya un hombre maduro, hice un viaje a Grecia. La primera vez que me hallé sobre la colina de la Acrópolis ateniense, entre las ruinas de sus templos y teniendo a mis pies el mar azul, sentí mezclarse a mi felicidad un cierto asombro: ¡aquello era realmente tal y como nos lo habían descrito en el colegio! ¡Ciertamente, no debió de ser mucha mi fe en la verdad real de lo que oía a mis profesores cuando tanto me asombraba ahora verlo confirmado! Pero no quiero acentuar demasiado esta interpretación de aquel suceso, pues mi asombro admite también una explicación distinta, totalmente subjetiva y relacionada con la peculiaridad del lugar, explicación que no se me ocurrió de momento.

Así, pues, todos estos principios aspiran a ser aceptados como ciertos, pero no sin fundamentar tal aspiración. Se presentan como el resultado abreviado de un largo proceso mental, basado en la observación y, desde luego, también en la deducción, y si hay quien prefiere seguir por sí mismo tal proceso, en lugar de aceptar su resultado le señalan el camino. Asimismo se indica siempre la fuente del conocimiento, integrado en el principio de que se trate, cuando el mismo no puede considerarse axiomático, como sucede con las afirmaciones geográficas. Al afirmar, por ejemplo, que la Tierra es redonda, se aducen, como pruebas, el experimento del péndulo de Foucault, la curva del horizonte y la posibilidad de circunnavegar la Tierra. Pero como es imposible hacer realizar a todos los alumnos un viaje alrededor del mundo —cosa que reconocen sin excepción los interesados—, no hay más remedio que dejarles abrir un amplio margen de confianza a las enseñanzas escolares, sabiendo, de todos modos, que siempre tienen abierto el camino para comprobarlas personalmente.

Intentemos medir con la misma medida los principios

religiosos. Si preguntamos en qué se funda su aspiración a ser aceptados como ciertos, recibiremos tres respuestas singularmente desacordes. Se nos dirá primeramente que debemos aceptarlos porque ya nuestros antepasados los creyeron ciertos; en segundo lugar, se nos aducirá la existencia de pruebas que nos han sido transmitidas por tales generaciones anteriores y, por último, se nos hará saber que está prohibido plantear interrogación alguna sobre la credibilidad de tales principios. Tal atrevimiento hubo de castigarse en épocas pasadas con penas severísimas; todavía actualmente lo ve con disgusto la sociedad.

Esta última respuesta ha de parecernos singularmente sospechosa. El motivo de semejante prohibición no puede ser sino que la misma sociedad conoce muy bien el escaso fundamento de las exigencias que plantea con respecto a sus teorías religiosas. Si así no fuera, se apresurarían a procurar a todo el que quiera convencerse por sí mismo los medios necesarios. Así, pues, emprenderemos ya con extrema desconfianza el examen de las dos otras pruebas. Debemos creer porque nuestros antepasados creyeron. Pero estos antepasados nuestros eran mucho más ignorantes que nosotros. Creyeron cosas que nos es imposible aceptar. Es, por tanto, muy posible que suceda lo mismo con las doctrinas religiosas. Las pruebas que nos han transmitido aparecen incluidas en escritos faltos de toda garantía, contradictorios y falseados. De poco sirve que se atribuya a su texto literal o solamente a su contenido la categoría de revelación divina, pues tal afirmación es ya por sí misma una parte de aquellas doctrinas, cuya credibilidad se trata de investigar, y ningún principio puede demostrarse a sí mismo.

Llegamos así al resultado singular de que precisamente aquellas tesis de nuestro patrimonio cultural que mayor importancia podían entrañar para nosotros, y a las que corresponde la labor de aclararnos los enigmas del mundo y reconciliarnos con el dolor de la vida, son las que menos garantías nos ofrecen. Si un hecho tan indiferente para nosotros como el de que las ballenas sean animales vivíparos, y no ovíparos, fuera igualmente difícil de demostrar, no nos decidiríamos nunca a creerlo.

Esta situación es ya por sí misma un curioso problema psicológico. No deberá tampoco creerse que las observaciones precedentes sobre la indemostrabilidad de las doctrinas religiosas contienen nada nuevo. La imposibilidad de demostrarlas se ha hecho sentir en todos los tiempos y a todos los hombres, incluso a aquellos antepasados nuestros que nos han legado la herencia religiosa. Muchos de ellos alimentaron seguramente nuestras mismas dudas, pero gravitaba sobre ellos una presión demasiado intensa para que se atrevieran a manifestarlas. Y desde entonces, estas dudas han atormentado a infinitos hombres, que intentaron reprimirlas porque se suponían obligados a creer; muchas inteligencias han naufragado bajo la pesadumbre de tal conflicto, y muchos caracteres han sufrido grave lesión en las transacciones en las que trataron de hallar una salida.

Al advertir que todas la pruebas que se nos aducen en favor de la credibilidad de los principios religiosos proceden del pasado, habremos de investigar si el presente —mejor capacitado para luzgar— puede ofrecernos también alguna. Si de este modo se consiguiera sustraer a la duda, aunque sólo fuera un único fragmento del sistema religioso, la totalidad del mismo ganaría extraordinariamente en credibilidad. Con este punto se enlaza la actividad de los espiritistas, que se declaran convencidos de la perduración del alma individual y nos quieren demostrar irrebatiblemente este principio de la doctrina religiosa. Por desgracia, no consiguen rebatir victoriosamente la objeción de que todas las apariciones y manifestaciones de sus espíritus no son sino productos de su propia actividad psíquica. Han evocado los espíritus de los grandes hombres y de los pensadores más sobresalientes; pero todas las manifestaciones y todas las noticias que por ellos han obtenido han sido tan simples, tan desconsoladoramente vacías, que lo más que pueden probar es una singular capacidad de los espíritus para adaptarse al nivel intelectual de aquellos que los conjuran.

Habremos de recordar ahora dos tentativas que dan la

impresión de constituir un esfuerzo convulsivo por eludir el problema. Una de ellas, singularmente violenta, es muy antigua; la otra es sutil y moderna. La primera es el *credo quia absurdum* de un padre de la Iglesia. Esto quiere decir que las doctrinas religiosas están sustraídas a las exigencias de la razón, hallándose por encima de ella. No necesitamos comprenderlas, basta con que sintamos interiormente su verdad. Pero este «credo» sólo como una forzada confesión resulta interesante. Como mandamiento no puede obligar a nadie. ¿Habremos de obligarnos acaso a creer cualquier absurdo? Y si no, ¿por qué precisamente éste? No hay instancia ninguna superior a la razón. Si la verdad de las doctrinas religiosas depende de un suceso interior que testimonia de ella, ¿qué haremos con los hombres en cuya vida interna no surge jamás tal suceso, nada frecuente? Podemos exigir a todos los hombres que hagan uso de su razón; lo que no es posible es instituir una obligación para todos sobre una base que sólo en muy pocos existe. Si uno de ellos ha conquistado la indestructible convicción de la verdad real de las doctrinas religiosas en un momento de profundo éxtasis emotivo, ¿qué puede significar eso para los demás?

La segunda tentativa es la realizada por la filosofía del «como si». Según ella, en nuestra actividad mental existen numerosas hipótesis que sabemos faltas de todo fundamento o incluso absurdas. Las definimos como ficciones; pero, en atención a diversos motivos prácticos, nos conducimos «como si» las creyésemos verdaderas. Tal sería el caso de las doctrinas religiosas a causa de su extraordinaria importancia para la conservación de la sociedad humana [1]. Esta argumentación no difiere gran cosa del *credo quia absurdum*. Pero, a mi juicio, la pretensión de la filosofía del «como si» sólo puede ser planteada y aceptada por un filósofo. El hombre de pensamiento no influido por las artes de la filosofía no podrá aceptarla jamás. No podrá nunca conceder un valor a cosas declaradas de antemano absurdas y contrarias a la razón, ni ser movido a renunciar, precisamente en cuanto a uno de sus intereses más importantes, a aquellas garantías que acostumbra exigir en el resto de sus actividades. Recuerdo aquí la conducta de uno de mis hijos, que se distinguió muy tempranamente por su amor a la verdad objetiva. Cuando alguien empezaba a contar un cuento que los demás niños se disponían a escuchar devotamente, se acercaba al narrador y le preguntaba: «¿Es una historia verdadera?» Y al oír que no, se alejaba con gesto despreciativo. Es de esperar que los hombres no tarden en conducirse parecidamente ante las fábulas religiosas, a pesar de la intercesión del «como si».

Mas, por lo pronto, se conducen aún muy diferentemente, y en épocas pretéritas las ideas religiosas han ejercido suprema influencia sobre la Humanidad, no obstante su indiscutible falta de garantía. Tenemos aquí un nuevo problema psicológico. Habremos, pues, de preguntarnos en qué consiste la fuerza interior de estas doctrinas y a qué deben su eficacia independiente de los dictados de la razón.

Seis

Creo ya suficientemente preparada la respuesta a las dos interrogaciones que antes dejamos abiertas. Recapitulando nuestro examen de la génesis psíquica de las ideas religiosas, podremos ya formularla como sigue: tales ideas, que nos son presentadas como dogmas, no son precipitados de la experiencia ni conclusiones del pensamiento: son ilusiones, realizaciones de los deseos más antiguos, intensos y apremiantes de la Humanidad. El secreto de su fuerza está en la fuerza de estos deseos. Sabemos ya que la penosa sensación de impotencia experimentada en la niñez fue lo que despertó la necesidad de protección, la necesidad de una protección amorosa, satisfecha en tal época por el padre, y que el descubrimiento de la persistencia de tal indefensión a través de toda la vida llevó luego al hombre a forjar la existencia de un padre inmortal mucho más poderoso. El gobierno bondadoso de la divina Providencia mitiga el miedo a los peligros de la vida; la institución de un orden moral universal asegura la victoria final de la Justicia, tan vulnerada dentro de la civilización humana, y la prolongación de la existencia terrenal por una vida futura amplía infinitamente los límites temporales y espaciales en los que han de cumplirse los deseos.

Bajo las premisas de este sistema se formulan respuestas a los enigmas ante los cuales se estrella el humano deseo de saber, enigmas como la creación del mundo y la relación entre el cuerpo y el alma. Por último, para la psique individual supone un gran alivio ser descargada de los conflictos engendrados en la infancia por el complejo paternal, jamás superados luego por entero, y ser conducida a una solución generalmente aceptada.

Al decir que todo esto son ilusiones, habremos de restringir el sentido de semejante concepto. Una ilusión no es lo mismo que un error ni es necesariamente un error. La opinión aristotélica de que la suciedad engendra los parásitos, opinión mantenida aun hoy en día por el vulgo ignorante, es un error, como igualmente el criterio sostenido por anteriores generaciones médicas de que la *tabes dorsalis* es consecuencia de los excesos sexuales. Sería abusivo calificar de ilusiones estos errores. En cambio, fue una ilusión de Cristóbal Colón creer que había descubierto una nueva ruta para llegar a las Indias. La participación de su deseo en este error resulta fácilmente visible. También podemos calificar de ilusión la afirmación de ciertos nacionalistas de que los indogermanos son la única raza susceptible de cultura, o la creencia —que sólo el psicoanálisis ha logrado desvanecer— de que los niños eran seres sin sexualidad. Una de las características más genuinas de la ilusión es la de tener su punto de partida en deseos humanos, de los cuales se deriva. Bajo este aspecto, se aproxima a la idea delirante psiquiátrica, de la cual se distingue, sin embargo, claramente. La idea delirante, además de poseer una estructura mucho más complicada, aparece en abierta contradicción con la realidad. En cambio, la ilusión no tiene que ser necesariamente falsa; esto es, irrealizable o contraria a la realidad. Así, una burguesita puede acariciar la ilusión de ser solicitada en matrimonio por un príncipe, ilusión que no tiene nada de imposible y se ha cumplido realmente alguna vez. Que el Mesías haya de llegar y fundar una edad de oro es ya menos verosímil, y al enjuiciar esta creencia la clasificaremos, según nuestra actitud personal, bien entre las ilusiones, bien entre las ideas delirantes. No es fácil encontrar más ejemplos de ilusiones que hayan llegado a cumplirse. Quizá la de transmutar en oro todos los metales, tan largo tiempo acariciada por los alquimistas, llegue a ser una de ellas. El deseo de tener mucho oro, todo el oro posible, se ha debilitado ya ante nuestro actual conocimiento de las condiciones de la riqueza; pero la química no considera imposible la transmutación indicada. Así, pues, calificamos de ilusión una creencia cuando aparece engendrada por el impulso a la satisfacción de un deseo, prescindiendo de su relación con la realidad, del mismo modo que la ilusión prescinde de toda garantía real.

Si después de orientarnos así volvemos de nuevo a los dogmas religiosos, habremos de repetir nuestra afirmación anterior: son todos ellos ilusiones indemostrables, y no es lícito obligar a nadie a aceptarlos como ciertos. Hay algunos tan inverosímiles y tan opuestos a todo lo que trabajosamente hemos llegado a averiguar sobre la realidad del mundo, que, salvando las diferencias psicológicas, podemos compararlos a las ideas delirantes. Por lo general, resulta imposible aquilatar su valor real. Son tan irrebatibles como indemostrables. Sabemos todavía muy poco para aproximarnos a ellos como críticos. Nuestra investigación de los secretos del mundo progresa muy lentamente, y la ciencia no ha encontrado aún respuesta a muchas interrogaciones. De todos modos, la labor científica es, a nuestro juicio, el único camino que puede llevarnos al conocimiento de la realidad exterior a nosotros. Esperar algo de la intuición y del éxtasis no es tampoco más que una ilusión. Pueden procurarnos ciertas inducciones, difícilmente interpretables, sobre nuestra propia vida psíquica; pero nunca una respuesta a las interrogaciones cuya solución se hace tan fácil a las doctrinas religiosas. Sería un sacrilegio abandonarse aquí al capricho personal y aceptar o rechazar con un criterio puramente subjetivo trozos aislados del sistema religioso, pues tales interrogaciones son demasiado importantes, demasiado sagradas, pudiéramos decir, para que sea lícita semejante conducta.

En este punto se nos opondrá seguramente la siguiente objeción: si hasta los escépticos más empedernidos reconocen que las afirmaciones religiosas no pueden ser rebatidas por la razón, ¿por qué no hemos de creerlas, ya que tienen a su favor tantas cosas: la tradición, la conformidad de la mayoría de los hombres y su mismo contenido consolador? No hay inconveniente. Del mismo modo que nadie puede ser obligado a creer, tampoco puede forzarse a nadie a no creer. Pero tampoco debe nadie complacerse en engañarse a sí mismo suponiendo que con estos fundamentos sigue una trayectoria mental plenamente correcta. La ignorancia es la ignorancia, y no es posible derivar de ella un derecho a creer algo. Ningún hombre razonable se conducirá tan ligeramente en otro terreno ni basará sus juicios y opiniones en fundamentos tan pobres. Sólo en cuanto a las cosas más elevadas y sagradas se permitirá semejante conducta. En realidad se trata de vanos esfuerzos para hacerse creer a sí mismo o hacer creer a los demás que permanece aún ligado a la religión, cuando hace ya mucho tiempo que se ha desligado de ella. En lo que atañe a los problemas de la religión, el hombre se hace culpable de un sinnúmero de insinceridades y de vicios intelectuales. Los filósofos fuerzan el significado de las palabras hasta que no conservan apenas nada de su primitivo sentido, dan el nombre de «Dios» a una vaga abstracción por ellos creada y se presentan ante el mundo como deístas, jactándose de haber descubierto un concepto mucho más elevado y puro de Dios, aunque su Dios no es ya más que una sombra inexistente, y no la poderosa personalidad del dogma religioso. Los críticos persisten en declarar profundamente religiosos a aquellos hombres que han confesado ante el mundo su conciencia de la pequeñez y la impotencia humanas, aunque la esencia de la religiosidad no está en tal conciencia, sino en el paso siguiente, en la reacción que busca un auxilio contra ella. Aquellos hombres que no siguen adelante, resignándose humildemente al mísero papel encomendado al hombre en el vasto mundo, son más bien irreligiosos, en el más estricto sentido de la palabra.

No entra en los fines de esta investigación pronunciarse sobre la verdad de las doctrinas religiosas. Nos basta haberlas reconocido como ilusiones en cuanto a su naturaleza psicológica. Pero no necesitamos ocultar que este descubrimiento influye también considerablemente en nuestra actitud ante un problema que a muchos ha de parecerles el más importante. Sabemos aproximadamente en qué tiempos fueron creadas las doctrinas religiosas y por qué hombres. Si, además, descubrimos los motivos a que obedeció su creación, nuestro punto de vista sobre el problema religioso queda sensiblemente desplazado. Nos decimos que sería muy bello que hubiera un dios creador del mundo y providencia bondadosa, un orden moral universal y una vida de ultratumba; pero encontramos harto singular que todo suceda así tan a medida de nuestros deseos. Y sería más extraño aún que nuestros pobres antepasados, ignorantes y faltos de libertad espiritual, hubiesen descubierto la solución de todos estos enigmas del mundo.

Siete

La conclusión de que las doctrinas religiosas no son sino ilusiones, nos lleva en el acto a preguntarnos si acaso no lo serán también otros factores de nuestro patrimonio cultural, a los que concedemos muy alto valor y dejamos regir nuestra vida; si las premisas en las que se fundan nuestras instituciones estatales no habrán de ser calificadas igualmente de ilusiones, y si las relaciones entre los sexos, dentro de nuestra civilización, no aparecen también perturbadas por toda una serie de ilusiones eróticas. Una vez despierta nuestra desconfianza, no retrocederemos siquiera ante la sospecha de que tampoco posea fundamentos más sólidos nuestra convicción de que la observación y el pensamiento, aplicados a la investigación científica, nos permiten alzar un tanto el velo que encubre la realidad exterior. No tenemos por qué rehusar que la observación recaiga sobre nuestro propio ser ni que el pensamiento sea utilizado para su propia crítica, iniciándose así una serie de investigaciones cuyo resultado habría de ser decisivo para la formación de una «concepción del universo». Sospechamos que semejante labor no resultaría infructuosa y justificaría, por lo menos en parte, nuestra desconfianza. Pero el autor no se considera con capacidad suficiente para emprenderla en toda su vasta amplitud, y, en consecuencia, habrá de limitar obligadamente su trabajo a una de tales ilusiones, a la ilusión religiosa.

Nuestro contradictor deja oír de nuevo su voz en este punto, pidiéndonos cuenta de nuestro ilícito proceder. Nos dice:

«El interés arqueológico es altamente encomiable; pero no es permisible practicar excavaciones por debajo de las viviendas de los hombres, falseando sus cimientos y poniéndolas en peligro de venirse abajo con todos sus moradores. Las doctrinas religiosas no son un tema sobre el cual se pueda sutilizar impunemente como sobre otro cualquiera. Constituyen la base de nuestra civilización. La pervivencia que la sociedad humana tiene como premisa que la mayoría de los hombres las acepte como verdaderas. Si les enseñamos que la existencia de un Dios omnipotente y justo, de un orden moral universal y de una vida futura son puras ilusiones, se considerarán desligados de toda obligación de acatar los principios de la cultura. Cada uno seguirá, sin freno ni temor, sus instintos asociales y egoístas e intentará afirmar su poder personal, y de este modo, surgirá de nuevo el caos, al que ha llegado a poner término una labor civilizadora ininterrumpida a través de muchos milenios. Aunque supiésemos y pudiésemos demostrar que la religión no posee la verdad, deberíamos silenciarlo y conducirnos como nos lo aconseja la filosofía del 'como si'. ¡Es en interés de todos y por nuestra propia conservación! Lo contrario, además de ser harto peligroso, constituye una inútil crueldad. Hay infinitos hombres que hallan en las doctrinas religiosas su único consuelo, y sólo con su ayuda pueden soportar la vida. Se quiere despojarlos de tal apoyo sin tener nada mejor que ofrecerles en sustitución.

Se confiesa que la ciencia se halla aún muy poco avanzada, y aunque lo estuviera mucho más, tampoco bastaría a los hombres. El hombre tiene otras necesidades imperativas, que nunca podrán ser satisfechas por la ciencia, y es harto singular e inconsecuente que un psicólogo, que siempre ha hecho resaltar la primacía del instinto sobre la inteligencia en la vida del hombre, se esfuerce ahora en despojar a la Humanidad de una valiosa realización de deseos, ofreciéndole una compensación puramente intelectual.»

¡Son muchas acusaciones de una vez! Pero estoy preparado para rebatirlas todas, y además habré de afirmar que, tratando de mantener las actuales relaciones entre la civilización y la religión, se crean para la primera mayores peligros que intentando destruirlas. Lo que no sé es por dónde empezar mi defensa.

Quizá asegurando que yo mismo considero completamente inofensiva y exenta de todo peligro mi empresa. No es, desde luego, a mí, en este caso, a quien puede reprocharse una hipervaloración del intelecto. Si los hombres son, realmente, tales como los describen mis contradictores —y no quiero negarlo—, no hay el menor peligro de que un creyente, vencido por mis argumentos, se deje despojar de su fe.

Además, no he dicho nada que antes no haya sido ya sostenido más acabadamente y con mayor fuerza por otros hombres mejores que yo, cuyos nombres no habré de citar, por ser de sobra conocidos, y además para que no se crea que intento incluirme entre ellos. Lo único que he hecho —la sola novedad de mi exposición— es haber agregado a la crítica de mis grandes predecesores cierta base psicológica, pero no es de esperar que esta agregación logre el efecto que tales críticas no consiguieron. Se nos preguntará entonces por qué escribimos tales cosas si estamos seguros de que no han de surtir ningún efecto. Pero sobre esta cuestión volveremos más adelante.

Al único a quien esta publicación puede perjudicar es a mí mismo. Seguramente se me acusará de aridez espiritual, de falta de idealismo y de incomprensión ante los más altos ideales de la Humanidad. Mas, por un lado, estos reproches no son nada nuevo para mí, y, por otro, cuando ya en nuestros años jóvenes nos hemos sobrepuesto a la animadversión de nuestros contemporáneos, no podremos concederle gran importancia llegados a la ancianidad y seguros de quedar sustraídos ya en fecha próxima a todo favor y disfavor. No sucedía ciertamente así en épocas pasadas. En ellas, semejantes manifestaciones abreviaban la vida terrenal de su autor y le proporcionaban pronta ocasión de comprobar por sí mismo si existía o no una vida de ultratumba. Pero tales tiempos han pasado ya, y las especulaciones de este género son hoy perfectamente inofensivas, incluso para su propio autor. Lo más que puede suceder es que su libro no pueda ser traducido ni difundido en algunos países, precisamente en aquellos que se jactan de haber llegado a un más alto grado de civilización. Pero cuando se combate, en general, a favor de la renuncia a los deseos y la aceptación del Destino, debe poder soportarse también tal contrariedad.

No dejó de surgir en mí la interrogación de si el presente ensayo podía causar algún daño; pero no a persona ninguna, sino a una causa, a la causa del psicoanálisis. No puedo negar que el psicoanálisis es obra mía, ni tampoco que ha despertado en muchos sectores desconfianza y animadversión. Si ahora salgo a la palestra con afirmaciones tan poco gratas, es de esperar que toda la responsabilidad quede desplazada sobre el psicoanálisis. Ya vemos claramente —se dirá— adónde conduce el psicoanálisis. Como ya lo sospechábamos, a negar la existencia de Dios y de todo ideal ético. Y para impedirnos tal descubrimiento se nos ha querido engañar, pretendiendo que el psicoanálisis no entrañaba una concepción particular del Universo ni aspiraba a formarla.

Este ruido habrá de serme realmente muy desagradable a causa de mis muchos colaboradores, algunos de los cuales no comparten en absoluto mi actitud ante los problemas religiosos. Pero el psicoanálisis ha capeado ya muchos temporales, y podemos exponerlo a uno más. En realidad, el psicoanálisis es un método de investigación, un instrumento imparcial, como, por ejemplo, el cálculo infinitesimal. Si un físico descubriera, con ayuda del mismo, que la Tierra había de desaparecer al cabo de cierto tiempo, no nos decidiríamos tan fácilmente a atribuir al cálculo mismo tendencias destructoras y a condenarlo por tal motivo. Todo lo que llevamos dicho contra el valor de la religión como verdad no ha precisado para nada del psicoanálisis y ha sido alegado ya, mucho antes de su nacimiento, por otros autores. Si la aplicación del método psicoanalítico nos proporciona un nuevo argumento contra la verdad de la religión, tanto peor para la misma; pero también sus defensores podrán servirse, con igual derecho, del psicoanálisis para realzar el valor afectivo de las doctrinas religiosas.

Proseguimos, pues, nuestra defensa: la religión ha prestado, desde luego, grandes servicios a la civilización humana y ha contribuido, aunque no lo bastante, a dominar los instintos asociales. Ha regido durante muchos milenios la sociedad humana y ha tenido tiempo de demostrar su eficacia. Si hubiera podido consolar y hacer feliz a la mayoría de los hombres, reconciliarlos con la vida y convertirlos en firmes substratos de la civilización, no se le hubiera ocurrido a nadie aspirar a modificación alguna. Pero en lugar de esto vemos que una inmensa multitud de individuos se muestra descontenta de la civilización y se siente desdichada dentro de ella, considerándola como un yugo, del que anhela libertarse, y consagra todas sus fuerzas a conseguir una mudanza de la civilización o lleva su hostilidad contra ella, hasta el punto de no querer saber nada de sus preceptos ni de la renuncia a los instintos. Se nos objetará que esta situación obedece precisamente a que la religión ha perdido una gran parte de su influencia sobre las colectividades humanas a causa del efecto lamentable de los progresos científicos. Anotaremos, desde luego, esta confesión y la utilizaremos más adelante para nuestros fines, limitándonos ahora a afirmar que, en calidad de objeción, carece de toda fuerza.

Es dudoso que en la época de la supremacía ilimitada de las doctrinas religiosas fueron en general los hombres más felices que hoy, y desde luego no eran más morales. Han sabido siempre traficar con los mandamientos religiosos y hacer fracasar así su intención. Los sacerdotes, a los cuales correspondía la función de hacer guardar obediencia a la religión, les han facilitado siempre esta tarea. La bondad divina paralizó la divina justicia. El pecador se rescata con sacrificios o penitencias y queda libre para volver a pecar. El fervor ruso se ha elevado hasta la conclusión de que el pecado es indispensable para gozar todas las bienaventuranzas de la gracia divina, siendo, por tanto, en el fondo, grato a Dios. Es sabido que los sacerdotes sólo han podido mantener la sumisión religiosa de las colectividades haciendo grandes concesiones a la naturaleza instintiva de la Humanidad. De este modo se llegó a la conclusión de que sólo Dios es fuerte y bueno, y el hombre, débil y pecador. La inmoralidad ha hallado siempre en la religión un apoyo tan firme como la moralidad. Si los rendimientos de la religión, en cuanto a la felicidad de los hombres, su adaptación a la cultura y su restricción moral, no son cosa mejor, habremos de preguntarnos si no exageramos su necesidad para los hombres y si obramos prudentemente basando en ella nuestras exigencias culturales.

Reflexiones sobre la situación actual. Hemos oído la confesión de que la religión no ejerce ya sobre los hombres la misma influencia que antes. (Nos referimos a la civilización europea cristiana.) Y ello no porque prometa menos, sino porque los hombres van dejando de creer en sus promesas. Concedamos que la causa de esta mudanza reside en el robustecimiento del espíritu científico en las capas superiores de la sociedad humana, aunque quizá no sea esta causa la única. La crítica ha debilitado la fuerza probatoria de los documentos religiosos; las ciencias naturales han señalado los errores en ellos contenidos, y la investigación comparativa ha indicado la fatal analogía de las representaciones religiosas por nosotros veneradas con los productos espirituales de pueblos y tiempos primitivos.

El espíritu científico crea una actitud particular ante las cosas de este mundo. Ante las cosas de la religión se detiene un poco, vacila y acaba por traspasar también los umbrales. En este proceso no hay detención alguna; cuanto más asequibles se hacen al hombre los tesoros del conocimiento, tanto más se difunde su abandono de la fe religiosa, al principio sólo de sus formas más anticuadas y absurdas, pero luego también de sus premisas fundamentales. Los americanos son los únicos que se han mostrado aquí plenamente consecuentes, procesando y condenando a los defensores de las teorías darvinianas. Fuera de estos incidentes, la transición va desarrollándose sin rebozo, con absoluta sinceridad.

De los hombres cultos y de los trabajadores intelectuales no tiene mucho que temer la civilización. La sustitución de los motivos religiosos de una conducta civilizada por otros motivos puramente terrenos se desarrollaría en ellos calladamente. Tales individuos, son, además, de por sí, los más firmes substratos de la civilización. Otra cosa es la gran masa inculta y explotada, que tiene toda clase de motivos para ser hostil a la civilización. Mientras no averigüe que ya no cree en Dios, todo irá bien. Pero ha de llegar indefectiblemente a averiguarlo, aunque este ensayo mío no sea publicado. Y está dispuesta a aceptar los resultados del pensamiento científico, sin que en ella haya tenido lugar la transformación que el pensamiento científico ha provocado en los demás hombres. ¿No existe aquí el peligro de que estas masas se arrojen sobre el punto débil que han descubierto en sus amos? Si no se debe matar única y exclusivamente porque lo ha prohibido Dios, y luego se averigua que no existe tal Dios y no es de temer, por tanto, su castigo, se asesinará sin el menor escrúpulo, y sólo la coerción social podrá evitarlo. Se plantea, pues, el siguiente dilema: o mantener a estas masas peligrosas en una absoluta ignorancia, evitando cuidadosamente toda ocasión de un despertar espiritual, o llevar a cabo una revisión fundamental de las relaciones entre la civilización y la religión.

Ocho

La revisión antes propuesta no parece que debiera tropezar con grandes dificultades. Supone, desde luego, una renuncia, pero sólo para conquistar quizá algo mejor y evitar un grave peligro. Sin embargo, se vacila temerosamente en emprenderla, como si hubiera de traer consigo peligros aún mayores para la civilización. Cuando San Bonifacio derrumbó el árbol sagrado de los sajones, los circunstantes esperaban que la ira de los dioses fulminase al sacrílego. Nada sucedió, y los sajones aceptaron el bautismo.

Si la civilización ha llegado a instituir la prohibición de matar a aquellos de nuestros semejantes a los que odiamos, cuyos bienes codiciamos o que significan un obstáculo en nuestro camino, ha sido evidentemente en interés de la vida colectiva, la cual se haría imposible de otro modo, pues el homicida atraería sobre sí la venganza de los familiares del muerto y la oscura envidia de los demás hombres, igualmente inclinados a semejante violencia. No tardaría, pues, en morir a su vez sin haber disfrutado apenas de su venganza o botín. Aunque una fuerza física extraordinaria y una astucia poco común le protegiese de los ataques individuales, acabaría por sucumbir a la unión de los más débiles. De no urgir tal unión, los asesinatos se sucederían sin límite, hasta quedar agotada la Humanidad en esta lucha fratricida. Sucedería así entre individuos singulares lo que aún sucede actualmente en Córcega entre familias, y fuera de este caso aislado, sólo ya entre naciones. Pero la inseguridad que amenazaba por igual la vida de todos los hombres acabó por unirlos en una sociedad que prohibió al individuo atentar contra sus semejantes y se reservó el derecho de matar a quienes transgredieran este mandato. La muerte impuesta por la colectividad pasó entonces a ser justicia y castigo.

Pero en lugar de aceptar este fundamento racional de la prohibición de matar, afirmamos que ha sido dictada por el mismo Dios. Nos permitimos, pues, penetrar sus designios y concluir que tampoco Él quiere que los hombres se destruyan mutuamente. Al obrar así revestimos de una particular solemnidad la prohibición cultural, pero nos exponemos a supeditar su observancia a la fe en la existencia de Dios. Si ahora cambiamos de rumbo y dejamos de atribuir a Dios nuestras propias voluntades, contentándonos con el fundamento social, renunciaremos, desde luego, a semejante transfiguración de la prohibición cultural, pero también evitaremos sus peligros. Y todavía obtenemos otra ventaja. El carácter sagrado e intangible de las cosas ultraterrenas se ha extendido, por una especie de difusión o infección desde algunas grandes prohibiciones, a todas las demás instituciones, leyes y ordenanzas de la civilización, a muchas de las cuales no les va nada bien la aureola de santidad, pues aparte de anularse recíprocamente, estableciendo normas contradictorias según las circunstancias de lugar y tiempo, muestran profundamente impreso el sello de la imperfección humana. Fácilmente reconocemos en ellas lo que no es sino producto de una tímida miopía intelectual, expresión de intereses mezquinos o conclusiones deducidas de premisas insuficientes. La crítica que merecen disminuye también, de un modo indeseable, nuestro respeto a otras exigencias culturales más justificadas. Siendo muy espinosa la tarea de distinguir lo que Dios mismo nos exige de los preceptos emanados de la autoridad de un parlamento omnipotente o de un alto magistrado, sería muy conveniente dejar a Dios en sus divinos cielos y reconocer honradamente el origen puramente humano de los preceptos e instituciones de la civilización. Con su pretendida santidad desaparecerían la rigidez y la inmutabilidad de todos estos mandamientos y los hombres llegarían a creer que tales preceptos no habían sido creados tanto para regirlos como para apoyar y servir sus intereses, adoptarían una actitud más amistosa ante ellos y tenderían antes a perfeccionarlos que a derrocarlos, todo lo cual constituiría un importante progreso hacia la reconciliación del individuo con la presión de la civilización.

Nuestro alegato en favor de un fundamento puramente racional de los preceptos culturales queda interrumpido aquí por un repentino escrúpulo. Hemos elegido como ejemplo la génesis de la prohibición de matar, y nos preguntamos ahora si nuestra descripción de la misma corresponderá realmente a la verdad histórica. Tememos que no, pues presenta todo el aspecto de una construcción racionalista. Precisamente hemos estudiado, con ayuda del psicoanálisis, este trozo de la historia de la civilización humana, y basándonos en nuestra labor podemos afirmar que la verdadera génesis del precepto indicado fue muy otra. Los motivos puramente racionales pueden aún muy poco contra las pasiones en el hombre de nuestros días, cuanto menos en el mísero animal humano de los tiempos primitivos. Sus descendientes se destrozarían todavía mutuamente si uno de aquellos asesinatos —el del padre primitivo— no hubiese despertado una reacción afectiva irresistible, extraordinariamente rica en consecuencias. De esta reacción proviene el mandamiento de no matar, limitado en el totemismo al sustitutivo del padre y extendido luego a todos nuestros semejantes, aunque todavía hoy no se observe sin excepciones.

Pero, según explicamos ya en otro lugar, dicho padre primordial fue el prototipo de Dios, el modelo conforme al cual crearon las generaciones posteriores la imagen de Dios. La teoría religiosa está, pues, en lo cierto. Dios participó realmente en la génesis de la prohibición que nos ocupa, siendo su influjo, y no la conciencia de una necesidad social, lo que hubo de engendrarla. La atribución de la voluntad humana al propio Dios queda también así justificada, pues los hombres sabían haberse desembarazado violentamente del padre, y en su reacción a semejante crimen se propusieron respetar en adelante la voluntad del muerto. Por tanto, la doctrina religiosa nos transmite efectivamente la verdad histórica, si bien un tanto deformada y disfrazada. En cambio, nuestra descripción racional se aparta mucho de ella.

Advertimos ahora que el tesoro de las representaciones religiosas no encierra sólo realizaciones de deseos, sino también importantes reminiscencias históricas, resultando así una acción conjunta del pasado y el porvenir, que ha de prestar a la religión una incomparable plenitud de poder. Vislumbramos aquí una analogía que quizá nos permita realizar algún nuevo descubrimiento. No es conveniente, desde luego, trasplantar los conceptos muy lejos del terreno donde han germinado, pero en este caso se impone hacer constar una singular coincidencia. Sabemos que el hombre no puede cumplir su evolución hasta la cultura sin pasar por una fase más o menos definida de neurosis, fenómeno debido a que para el niño es imposible yugular por medio de una labor mental racional las muchas exigencias instintivas que han de serles inútiles en su vida ulterior y tiene que dominarlas mediante actos de represión, detrás de los cuales se oculta, por lo general, un motivo de angustia. La mayoría de estas neurosis infantiles —especialmente las obsesivas— quedan vencidas espontáneamente en el curso del crecimiento, y el resto puede ser desvanecido más tarde por el tratamiento psicoanalítico. Pues bien: hemos de admitir que también la colectividad humana pasa, en su evolución secular, por estados análogos a las neurosis y precisamente a consecuencia de idénticos motivos; esto es, porque en sus tiempos de ignorancia y debilidad hubo de llevar a cabo exclusivamente por medio de procesos afectivos las renuncias al instinto indispensables para la vida social. Los residuos de estos procesos, análogos a la represión, desarrollados en épocas primitivas, permanecieron luego adheridos a la civilización durante mucho tiempo. La religión sería la neurosis obsesiva de la colectividad humana, y lo mismo que la del niño, provendría del complejo de Edipo, de la relación con el padre. Conforme a esta teoría hemos de suponer que el abandono de la religión se cumplirá con toda la inexorable fatalidad de un proceso del crecimiento y que en la actualidad nos encontramos ya dentro de esta fase de la evolución.

Consiguientemente, nuestra conducta debiera ser la de un educador comprensivo, que no intenta oponerse a una naciente transformación espiritual, y procura, por lo contrario, fomentarla y represar la violencia de su aparición. Esta analogía no agota, desde luego, la esencia de la religión, la cual integra ciertamente restricciones obsesivas como sólo puede imponerlas la neurosis obsesiva individual, pero contiene además un sistema de ilusiones optativas contrarias a la realidad, únicamente comparable al que se nos ofrece en una amencia, en una feliz demencia alucinatoria. Trátase tan sólo de comparaciones con las que intentamos llegar a la compresión del fenómeno social. La patología individual no puede procurarnos, en este punto, una plena identidad.

Tanto Th. Reik como yo hemos señalado, repetidamente, hasta dónde puede perseguirse la analogía de la religión como una neurosis obsesiva y cuáles son los destinos y las particularidades de la religión que podemos llegar a comprender por este camino. De acuerdo con ello está que los creyentes parecen gozar de una segura protección contra ciertas enfermedades neuróticas, como si la aceptación de la neurosis general les relevase de la labor de construir una neurosis personal.

Nuestro reconocimiento del valor histórico de ciertas doctrinas religiosas acrecienta el respeto que las mismas nos inspiran, pero no invalida en modo alguno nuestra propuesta de retirarlas de la motivación de los mandamientos culturales. Todo lo contrario. Tales residuos históricos nos han ayudado a formar nuestra concepción de las doctrinas religiosas como reliquias neuróticas, siéndonos ya posible declarar que ha llegado probablemente el momento de proceder, en esta cuestión, como en el tratamiento psicoanalítico de los neuróticos, y sustituir los resultados de la represión por los de una labor mental racional. Es de esperar que esta labor no se limite a imponer la renuncia a la solemne transfiguración de los preceptos culturales y que una revisión fundamental de los mismos traiga consigo la supresión de muchos de ellos. Pero no tenemos por qué lamentarlo. No puede importarnos gran cosa traicionar la verdad histórica al admitir una motivación racional de los preceptos culturales. Las verdades contenidas en las doctrinas religiosas aparecen tan deformadas y tan sistemáticamente disfrazadas, que la inmensa mayoría de los hombres no pueden reconocerlas como tales. Es lo mismo que cuando contamos a los niños que la cigüeña trae a los recién nacidos. También les decimos la verdad, disimulándola con un ropaje simbólico, pues sabemos lo que aquella gran ave significa. Pero el niño no lo sabe, se da cuenta únicamente de que se le oculta algo, se considera engañado, y ya sabemos que de esta temprana impresión nace, en muchos casos, una general desconfianza contra los mayores y una oposición hostil a ellos. Hemos llegado a la convicción de que es mejor prescindir de estas veladuras simbólicas de la verdad y no negar al niño el conocimiento de las circunstancias reales, en una medida proporcional a su nivel intelectual.

Nueve

«Se permite usted contradicciones difíciles de conciliar. Comienza usted por afirmar que las críticas de este género son inofensivas, pues nadie se deja despojar por ellas de la fe religiosa. ¿Para qué publica usted, pues, ésta si no ha de alcanzar con ella su propósito de perturbar dicha fe, claramente revelado luego? Pero, además, reconoce usted en otro lugar que puede haber un grave riesgo en que un determinado núcleo social averigüe que ya no se cree en Dios. Dócil hasta entonces, negaría en adelante toda obediencia a los preceptos culturales. Su argumento de que la motivación religiosa de los preceptos culturales significa un peligro para la civilización, reposa enteramente en la hipótesis de que el creyente puede convertirse en incrédulo. ¿No hay aquí contradicción palmaria?

»También incurre usted en contradicción al reconocer, primero, la imposibilidad de guiar al hombre por la sola inteligencia, dominado como está por los instintos y las pasiones, y proponer luego la sustitución de los fundamentos afectivos de la obediencia a la cultura por otros racionales. Confieso que no entiendo cómo pueden conciliarse ambas cosas, incompatibles a mi juicio.

»Pero, además, ¿es que ha olvidado usted las enseñanzas de la Historia? La tentativa de sustituir la religión por la razón ha sido iniciada ya una vez oficialmente y con toda solemnidad. Supongo que recordará usted esta incidencia de la Revolución francesa, así como la fugacidad y el lamentable fracaso del experimento. Hoy es repetido en Rusia, seguramente con igual resultado. ¿O acaso no cree usted obligado suponer que el hombre no puede prescindir de la religión?

»Usted mismo ha dicho que la religión es algo más que una neurosis obsesiva. Pero no ha obrado de acuerdo con tal afirmación. Se ha limitado a desarrollar la analogía con la neurosis y a concluir que siempre es bueno libertar a los hombres de una neurosis. Lo que así pueda perderse le tiene a usted sin cuidado.»

La rapidez con la que he expuesto cosas harto complicadas puede haber hecho surgir, en efecto, una apariencia de contradicción. No ha de sernos difícil desvanecerla. Sigo afirmando que el presente ensayo crítico es, en cierto sentido, totalmente inofensivo. Ningún creyente se dejará despojar de su fe por estos argumentos u otros análogos, pues se hallan fuertemente ligados a los contenidos de la religión por ciertos tiernos lazos afectivos. Hay también ciertamente otros muchos que no son creyentes en el mismo sentido. Permanecen obedientes a los preceptos culturales porque los asustan las amenazas de la religión y temen a la religión mientras han de considerarla como una parte de la realidad restrictiva. Pero tampoco sobre ellos ejercen influencia ninguna los argumentos. Cesan de temer a la religión cuando advierten que otros no la temen, y con respecto a éstos he afirmado que se darían cuenta del ocaso de la influencia religiosa aunque yo no publicase este escrito.

Pero creo que usted mismo concede más valor a la otra contradicción que me reprocha. Si los hombres son realmente tan poco asequibles a los argumentos de la razón y se hallan dominados por sus deseos instintivos, ¿por qué ha de privárseles de la satisfacción de un instinto e intentar sustituirla por un raciocinio? Los hombres son, desde luego, así; pero ¿se ha preguntado usted si tienen que ser necesariamente tales? ¿Si su más íntima naturaleza les obliga a ello? ¿Es que un antropólogo podría precisar acaso el índice craneano de un pueblo que tuviera la costumbre de deformar con apretados vendajes las cabezas de sus niños? Piense usted en el lamentable contraste entre la inteligencia de un niño sano y la debilidad mental del adulto medio. ¿No es quizá muy posible que la educación religiosa tenga gran parte de culpa en esta atrofia relativa? A mi juicio, un niño sobre el cual no se ejerciera influencia alguna tardaría mucho en comenzar a formarse una idea de Dios y de las cosas ultraterrenas. Tales ideas seguirían quizá luego los mismos caminos que en sus antepasados primitivos, pero en vez de esperar semejante evolución se imbuyen al niño las doctrinas religiosas en una época en que ni pueden interesarle ni posee capacidad suficiente para comprender su alcance. Los dos puntos capitales del programa pedagógico actual son el retraso de la evolución sexual y el adelanto de la influencia religiosa. ¿No es cierto? Cuando el pensamiento del niño despierta luego, las doctrinas religiosas se han hecho ya intangibles. ¿Cree usted muy beneficioso para el desarrollo de la inteligencia sustraer a su acción, con la amenaza de las penas del infierno, un sector tan importante? La debilidad mental de individuos tempranamente habituados a aceptar sin crítica los absurdos y las contradicciones de las doctrinas religiosas, no puede ciertamente extrañarnos. Pero la inteligencia es el único medio que poseemos para dominar nuestros instintos. ¿Cómo, pues, esperar que estos individuos, sometidos a un régimen de restricción intelectual, alcancen alguna vez el ideal psicológico, la primacía del intelecto? Tampoco ignora usted que a la mujer, en general, se le atribuye la llamada «debilidad mental fisiológica»; esto es, una inteligencia inferior a la del hombre. El hecho mismo es discutible, pero uno de los argumentos aducidos para explicar semejante inferioridad intelectual es el de que las mujeres sufren bajo la temprana prohibición de ocupar su pensamiento con aquello que más podía interesarlas, o sea con los problemas de la vida sexual. Mientras que sobre los comienzos de la vida del hombre sigan actuando, además de la coerción mental sexual, la religiosa y la monárquica, derivada de la religiosa, no podremos decir cómo el hombre es en realidad.

Pero quiero moderar mi celo y reconocer la posibilidad de que también yo corra detrás de una ilusión. Es posible que los efectos de la prohibición religiosa impuesta al pensamiento no sean tan perjudiciales como suponemos y que la naturaleza humana continúe siendo la misma, aunque no se emplee abusivamente la educación para lograr la sumisión del individuo a los dogmas religiosos. No lo sé, ni tampoco usted puede saberlo. Además de aquellos grandes problemas de la vida que aún nos parecen insolubles, hay muchas otras interrogaciones menos importantes para las cuales nos es también muy difícil encontrar respuesta. Pero no me negará usted que en este punto se abre una puerta a la esperanza; no negará usted que puede haber oculto aquí un tesoro susceptible de enriquecer a la civilización y que, por tanto, vale la pena de intentar una educación irreligiosa. Si la tentativa fracasa, estoy dispuesto a renunciar a toda reforma y a aceptar el juicio, puramente descriptivo, de que el hombre es un ser de inteligencia débil, dominado por sus deseos instintivos.

En cambio, hay otro punto en el que estoy plenamente de acuerdo con usted. Me parecería insensato querer desarraigar de pronto y violentamente la religión. Sobre todo, porque sería inútil. El creyente no se deja despojar de su fe con argumentos ni con prohibiciones. Y si ello se consiguiera en algún caso, sería una crueldad. Un individuo habituado a los narcóticos no podrá ya dormir si le privamos de ellos. Esta comparación del efecto de los consuelos religiosos con el de un poderoso narcótico puede apoyarse en una curiosa tentativa actualmente emprendida en Norteamérica. En este país —y bajo la clara influencia del dominio de la mujer— se está procurando sustraer al individuo todos los medios de estímulo, embriaguez y placer, saturándole, en cambio, de temor de Dios, a modo de compensación. Tampoco es dudoso el resultado final de semejante experimento.

En lo que ya disiento de usted es en la conclusión de que el hombre no puede prescindir del consuelo de la ilusión religiosa, sin la cual le sería imposible soportar el peso de la vida y las crueldades de la realidad. Conformes en cuanto al hombre a quien desde niño han instilado ustedes tan dulce —o agridulce— veneno. Pero ¿y el otro? ¿Y el educado en la abstinencia? No habiendo contraído la general neurosis religiosa, es muy posible que no precise tampoco de intoxicación alguna para adormecerla. Desde luego, su situación sera más difícil. Tendrá que reconocer su impotencia y su infinita pequeñez y no podrá considerarse ya como el centro de la creación, ni creerse amorosamente guardado por una providencia bondadosa. Se hallará como el niño que ha abandonado el hogar paterno, en el cual se sentía seguro y dichoso. Pero ¿no es también cierto que el infantilismo ha de ser vencido y superado? El hombre no puede permanecer eternamente niño; tiene que salir algún día a la vida, a la dura «vida enemiga». Esta sería la «educación para la realidad». ¿Habré de decirle todavía que el único propósito del presente trabajo es señalar la necesidad de tal progreso?

Teme usted, seguramente, que el hombre no pueda resistir tan dura prueba. Déjenos esperar que sí. La conciencia de que sólo habremos de contar con nuestras propias fuerzas nos enseña, por lo menos, a emplearlas con acierto. Pero, además, el hombre no está ya tan desamparado. Su ciencia le ha enseñado muchas cosas desde los tiempos del Diluvio y ha de ampliar aún más su poderío. Y por lo que respecta a lo inevitable, al Destino inexorable, contra el cual nada puede ayudarle, aprenderá a aceptarlo y soportarlo sin rebeldía. ¿De qué puede servirle el espejismo de vastas propiedades en la Luna, cuyas rentas nadie ha recibido jamás? Cultivando honradamente aquí en la Tierra su modesto pegujal, como un buen labrador, sabrá extraer de él su sustento. Retirando sus esperanzas del más allá y concentrando en la vida terrena todas las energías así liberadas, conseguirá, probablemente, que la vida se haga más llevadera a todos y que la civilización no abrume ya a ninguno, y entonces podrá decir, con uno de nuestros irreligiosos:

El cielo lo abandonamos
a las aves y a los ángeles.

Diez

«Todo eso suena muy bien. ¡Una Humanidad que ha renunciado a todas las ilusiones y se ha capacitado así para hacer tolerable su vida sobre la Tierra! Pero yo no puedo compartir sus esperanzas. Y no porque sea el obstinado reaccionario que usted ve quizá en mí, sino simplemente por reflexión. Creo que hemos cambiado los papeles: usted es ahora el hombre apasionado, que se deja llevar por las ilusiones, y yo represento los dictados de la razón y el derecho del escepticismo. Todo lo que acaba usted de exponer me parece basado en errores que, siguiendo su ejemplo, habré de calificar de ilusiones, puesto que delatan claramente la influencia de sus deseos. Espera usted que las nuevas generaciones, sobre las cuales no se haya ejercido en la infancia influencia alguna religiosa, alcanzarán fácilmente la ansiada primacía de la inteligencia sobre la vida instintiva. Ilusión pura, pues no es nada verosímil que la naturaleza humana cambie en este punto decisivo. Si no me equivoco —sabe uno tan poca cosa de las demás culturas—, existen también hoy en día pueblos que no viven bajo la opresión de un sistema religioso, y no puede decirse que se hallen más próximos que los otros al ideal por usted propugnado. Para desterrar la religión de nuestra civilización europea sería preciso sustituirla por otro sistema de doctrinas, y este sistema adoptaría desde un principio todos los caracteres psicológicos de la religión, la misma santidad, rigidez e intolerancia, e impondría al pensamiento, para su defensa, idénticas prohibiciones. Algo de esto es necesario para hacer posible la educación. El camino que va desde el recién nacido al adulto civilizado es muy largo, y muchos individuos se perderían en él y no llegarían a cumplir su misión en la vida si se los abandonase sin guía ninguna a su propio desarrollo. Las doctrinas aplicadas en su educación limitarán siempre su pensamiento en sus años de madurez, como hoy se lo reprocha usted a la religión. ¿No advierte usted que el defecto indeleble y congénito de toda civilización es el de plantear al niño, instintivo y de inteligencia débil, resoluciones sólo posibles para la inteligencia del adulto? Pero la síntesis de la evolución secular de la Humanidad en un par de años de infancia le impide obrar de otro modo, y sólo la acción de poderes afectivos puede facilitar al niño el cumplimiento de tan difícil tarea. Estas son, pues, las probabilidades de su 'primacía del intelecto'.

»No extrañará usted que me declare partidario de la conservación del sistema religioso como base de la educación y de la vida colectiva. Se trata de una cuestión práctica y no del valor de realidad del sistema. Puesto que la necesidad de mantener nuestra civilización no nos consiente aplazar el influjo sobre cada individuo hasta el momento en que alcance el grado de madurez propicio a la cultura —y muchos no lo alcanzarían nunca—, y puesto que nos vemos precisados a imponer al sujeto en desarrollo un cualquier sistema doctrinal, que ha de obrar en él como premisa sustraída a la crítica, opino que debemos atenernos al sistema religioso como el más apropiado. Precisamente, desde luego, por su fuerza consoladora y cumplidora de deseos, en la que ha reconocido usted su carácter de 'ilusión'. Ante la dificultad de llegar al conocimiento, siquiera fragmentario, de la realidad, y ante la duda de que podamos llegar a él alguna vez, no debemos olvidar que también las necesidades humanas son una parte de la realidad, y, por cierto, una parte muy importante y que nos toca muy de cerca.

»Otra de las ventajas de la doctrina religiosa estriba para mí, precisamente, en uno de los caracteres que más han despertado su repulsa. Permite una purificación y una sublimación conceptual en la que desaparece todo lo que lleva en sí la huella del pensamiento primitivo e infantil. Lo que luego queda es un contenido de ideas que la ciencia no contradice ya ni puede rebatir. Estas transformaciones de la doctrina religiosa, calificadas antes por usted de concesiones y transacciones, permiten evitar la disociación entre la masa incultivada y el pensador filosófico y conservan entre ellos una comunidad muy importante para el aseguramiento de la civilización, no siendo así de temer que el hombre del pueblo averigüe que las capas sociales más altas 'no creen ya en Dios'. Con todo esto creo haber demostrado que sus esfuerzos se reducen a una tentativa de sustituir una ilusión contrastada y de un gran valor afectivo por otra incontrastada e indiferente.»

No debe usted creerme inasequible a su crítica. Sé lo difícil que es evitar las ilusiones, y es muy posible que las esperanzas por mí confesadas antes sean también de naturaleza ilusoria. Pero habré de mantener una diferencia. Mis ilusiones —aparte de no existir castigo alguno para quien no las comparta— no son irrectificables, como las religiosas, ni integran su carácter obsesivo. Si la experiencia demostrase —ya no a mí, sino a otros más jóvenes que como yo piensan— que nos habíamos equivocado, renunciaremos a nuestras esperanzas. Vea usted en mi intento lo que realmente es. Un psicólogo que no se engaña a sí mismo sobre la inmensa dificultad de adaptarse tolerablemente a este mundo se esfuerza en llegar a un juicio sobre la evolución de la Humanidad apoyándose en los conocimientos adquiridos en el estudio de los procesos anímicos del individuo durante su desarrollo desde la infancia a la edad adulta. En esta labor halla que la religión puede ser comparada a una neurosis infantil, y es lo bastante optimista para suponer que la Humanidad habrá de dominar esta fase neurótica, del mismo modo que muchos niños dominan neurosis análogas en el curso de su crecimiento. Estos conocimientos de la psicología individual pueden ser insuficientes, injustificada su aplicación a la Humanidad e injustificado también el optimismo. Reconozco todas estas inseguridades; pero muchas veces no puede uno privarse de exponer su opinión, sirviéndole de disculpa el no darla por más de lo que vale.

Todavía he de insistir en dos puntos. En primer lugar, la debilidad de mi posición no supone una afirmación de la suya. Creo sinceramente que defiende usted una causa perdida. Podemos repetir una y otra vez que el intelecto humano es muy débil en comparación con la vida instintiva del hombre, e incluso podemos estar en lo cierto. Pero con esta debilidad sucede algo especialísimo. La voz del intelecto es apagada, pero no descansa hasta haber logrado hacerse oír y siempre termina por conseguirlo, después de ser rechazada infinitas veces. Es éste uno de los pocos puntos en los cuales podemos ser optimistas en cuanto al porvenir de la Humanidad, pero ya supone bastante por sí solo. A él podemos enlazar otras esperanzas. La primacía del intelecto está, desde luego, muy lejana, pero no infinitamente, y como es de prever que habrá de marcarse los mismos fines cuya relación esperan ustedes de su Dios: el amor al prójimo y la disminución del sufrimiento —aunque, naturalmente, dentro de una medida humana y hasta donde lo permita la realidad exterior, la Ἀνάγκη— podemos decir que nuestro antagonismo no es sino provisional y nada irreducible. Ambos esperamos lo mismo, pero usted es más impaciente, más exigente y —¿por qué no decirlo?— más egoísta que yo y que los míos. Quiere usted que la bienaventuranza comience inmediatamente después de la muerte, exige usted de ella lo imposible y no se resigna a renunciar a la personalidad individual. Nuestro dios Λόγος [2] realizará todo lo que de estos deseos permita la naturaleza exterior a nosotros, pero muy poco a poco, en un futuro imprecisable y para nuevas criaturas humanas. A nosotros, los que sentimos dolorosamente la vida, no nos promete compensación alguna. En el camino hacia este lejano fin, las doctrinas religiosas acabarán por ser abandonadas, aunque las primeras tentativas fracasen, o demuestren ser insuficientes las primeras creaciones sustitutivas. No ignora usted, ciertamente, que, a la larga, nada logra resistir a la razón y a la experiencia, y la religión las contradice ambas demasiado patentemente. Tampoco las ideas religiosas purificadas podrán sustraerse a este destino si quieren conservar todavía algo del carácter consolador de la religión. Claro está que si se limitan a afirmar la existencia de un ser espiritual superior, de atributos indeterminables y designios impenetrables, quedarán sustraídas a la contradicción de la ciencia, pero entonces también dejarán de interesar a los hombres.

Pasemos ahora al segundo de los puntos antes enunciados. Observe usted la diferencia que existe entre su actitud y la mía ante la ilusión. Usted tiene que defender la ilusión religiosa con todas sus fuerzas; en el momento en que pierda su valor —y ya aparece harto amenazada— se derrumbará para usted todo un mundo, no le quedará a usted nada y habrá de desesperar de todo, de la civilización y del porvenir de la Humanidad. En cambio, nosotros estamos libres de semejantes servidumbres. Hallándonos dispuestos a renunciar a buena parte de nuestros deseos infantiles, podemos soportar muy bien que algunas de nuestras esperanzas demuestren no ser sino ilusiones.

La educación libertada de las doctrinas religiosas no cambiará quizá notablemente la esencia psicológica del hombre. Nuestro dios Λόγος no es, quizá, muy omnipotente y no puede cumplir sino una pequeña parte de lo que sus predecesores prometieron. Si efectivamente llega un momento en que hayamos de reconocerlo así, nos resignaremos serenamente, pero sin que por ello pierdan para nosotros su interés el mundo y la vida, pues poseemos un punto de apoyo que a ustedes les falta. Creemos que la labor científica puede llegar a penetrar un tanto en la realidad del mundo, permitiéndonos ampliar nuestro poder y dar sentido y equilibrio a nuestra vida. Si esta esperanza resulta una ilusión, nos encontraremos en la misma situación que usted, pero la ciencia ha demostrado ya, con numerosos e importantes éxitos, no tener nada de ilusoria. Posee muchos enemigos declarados, y más aún ocultos, entre aquellos que no pueden perdonarle haber debilitado la fe religiosa y amenazar con derrocarla. Se le reprocha habernos enseñado muy poco y dejar incomparablemente mucho más en la oscuridad. Pero al obrar así, se olvida su juventud, se olvida cuán difíciles han sido sus comienzos y el escaso tiempo transcurrido desde el momento en que el intelecto humano llegó a estar capacitado para la labor científica. ¿Acaso no pecamos todos basando nuestros juicios en períodos demasiado cortos? Deberíamos tomar ejemplo de los geólogos. Se reprocha a la ciencia su inseguridad, alegando que lo que hoy proclama como ley es rechazado como error por la generación siguiente y sustituido por una nueva ley, de tan corta vida como la primera. Pero semejante acusación es injusta, y en parte, falsa. Las mudanzas de las opiniones científicas son evolución y progreso, nunca contradicción. Una ley que al principio se creyó generalmente válida, demuestra luego ser un caso especial de una normatividad más amplia o queda restringida por otra ley posteriormente descubierta; una grosera aproximación a la verdad queda sustituida por un ajuste más acabado a la misma, susceptible a su vez de mayor perfeccionamiento. En diversos sectores no se ha superado aún cierta fase de la investigación, que se limita a ir planteando hipótesis que luego han de rechazarse por insuficientes. Otros integran ya, en cambio, un nódulo firme y casi inmutable de conocimiento. Por último, se ha intentado negar radicalmente todo valor a la labor científica, alegando que por su íntimo enlace con las condiciones de nuestra propia organización sólo puede suministrarnos resultados subjetivos, mientras que la verdadera naturaleza de las cosas es exterior a nosotros y nos resulta inasequible. Pero semejante afirmación prescinde de algunos factores decisivos para la concepción de la labor científica. No tiene en cuenta que nuestra organización, o sea nuestro aparato anímico, se ha desarrollado precisamente en su esfuerzo por descubrir el mundo exterior, debiendo haber adquirido así su estructura una cierta adecuación a tal fin. Se olvida que nuestro aparato anímico es por sí mismo un elemento de aquel mundo exterior que de investigar se trata y se presta muy bien a tal investigación; que la labor de la ciencia queda plenamente circunscrita si la limitamos a mostrarnos cómo se nos debe aparecer el mundo a consecuencia de la peculiaridad de nuestra organización; que los resultados finales de la ciencia, precisamente por la forma en que son obtenidos, no se hallan condicionados solamente por nuestra organización, sino también por aquello que sobre tal organización ha actuado, y, por último, que el problema de una composición del mundo sin atención a nuestro aparato anímico perceptor es una abstracción vacía sin interés práctico ninguno.

No, nuestra ciencia no es una ilusión. En cambio, sí lo sería creer que podemos obtener en otra parte cualquiera lo que ella no nos pueda dar.

Notas

[1] Vigésima octava edición. Félix Alcan, París, 1921.
[2] *Loc. cit.*, págs. 13-14.
[3] *Loc. cit.*, págs. 15-16.
[4] *Loc. cit.*, pág. 17.
[5] Entre la concepción de Le Bon y la nuestra hay cierta diferencia, resultante de que su noción de lo inconsciente no coincide por completo con la adoptada por el psicoanálisis. Para Le Bon, lo inconsciente contiene, ante todo, los más profundos caracteres del alma de la raza, la cual no es propiamente objeto del psicoanálisis. Reconocemos, desde luego, que el nódulo del *yo,* al que pertenece «la herencia arcaica» del alma humana, es inconsciente, pero postulamos, además, la existencia de «lo reprimido inconsciente», surgido de una parte de tal herencia. Este concepto de «lo reprimido» falta en la teoría de Le Bon.
[6] *Loc. cit.*, págs. 17-18. Más adelante utilizaremos esta proposición, constituyéndola en punto de partida de una importante hipótesis.
[7] *Loc. cit.*, págs. 17-19.
[8] *Loc. cit.*, pág. 19.
[9] *Loc. cit.*, pág. 19.
[10] Cf. el dístico de Schiller:

Jeder sicht man ihn einzein, ist
[leidlich klug und verstaendig:
Sind sie in corpore, gleich wird
[euch ein Dummkopf daraus *.

* Cada uno, tomado aparte, es pasablemente inteligente y razonable; reunidos, no forman ya entre todos sino un solo imbécil. (*N. del T.*)

[11] *Loc. cit.*, pág. 23.

[12] El término «inconsciente» es empleado correctamente por Le Bon, en el sentido de su descripción, cuando no significa tan sólo lo «reprimido».

[13] *Loc. cit.*, pág. 24.

[14] Véase *Tótem y tabú,* cap. 3: «Animismo, magia y omnipotencia de las ideas», Alianza Editorial, El libro de Bolsillo, n.º 41.

[15] En la interpretación de los sueños, a los que debemos nuestro mejor conocimiento de la vida psíquica inconsciente, seguimos la regla técnica de hacer abstracción de todas las dudas e incertidumbres que se manifiestan en el curso del relato del sueño y considerar como igualmente ciertos todos los elementos del contenido manifiesto. Atribuimos tales dudas e incertidumbres a la acción de la censura que actúa sobre la elaboración onírica y admitimos que las ideas primarias del sueño no conocen la duda ni la incertidumbre como función crítica. Pero, como contenido, pueden ambas aparecer, naturalmente, del mismo modo que otro elemento cualquiera, en los restos diurnos provocadores del sueño. *(La interpretación de los sueños,* Alianza Editorial, El Libro de Bolsillo, núms. 34, 35 y 36).

[16] *Loc. cit.*, pág. 36.—Esta misma intensificación de todos los afectos hasta lo extremo y desmesurado es también característica de la afectividad del niño y reaparece en la vida onírica, donde, merced a la separación que existe en lo inconsciente entre los diversos sentimientos, una ligera contrariedad experimentada durante el día se exterioriza en el deseo de que muera la persona culpable de ella, o una ligera tentación se transforma en el impulso de cometer un acto criminal, representado en el sueño. A este propósito ha hecho el doctor H. Sachs la siguiente ingeniosa observación: «Aquello que el sueño nos ha revelado sobre nuestras relaciones con el presente (la realidad) habremos de buscarlo luego en la conciencia y no deberemos asombrarnos si los monstruos que hemos visto a través del cristal de aumento del análisis se nos aparecen como minúsculos infusorios.» *(La interpretación de los sueños, op. cit.)*

[17] *Loc. cit.*, pág. 37.

[18] *Loc. cit.*, pág. 43.

[19] En el niño coexisten, por ejemplo, durante mucho tiempo, actitudes afectivas ambivalentes con respecto a las personas que le son más próximas, sin que ninguna de tales actitudes perturbe a la opuesta en su manifestación. Y si, por fin, surge el conflicto, queda resuelto muchas veces cambiando el niño de objeto y desplazando uno de los sentimientos de su ambivalencia sobre un objeto sustitutivo. El estudio de la evolución de una neurosis de un individuo adulto suele mostrarnos también que un sentimiento reprimido puede persistir durante mucho tiempo en fantasías inconscientes e incluso conscientes, cuyo contenido es, naturalmente, opuesto a una corriente dominante, sin que de esta contradicción resulte una rebelión del *yo* contra lo reprimido. La fantasía es

tolerada durante un largo período de tiempo, hasta que de pronto, y la mayor parte de las veces, a consecuencia de una intensificación de su carga afectiva, surge el conflicto entre ella y el *yo,* con todas sus consecuencias.

En el curso progresivo de la evolución del niño hacia la edad adulta se va constituyendo una *integración* cada vez más amplia de su personalidad; esto es, una reunión y una síntesis de las diversas tendencias y aspiraciones desarrolladas en dicha personalidad, independientemente unas de otras. Conocemos ya un proceso análogo en los dominios de la vida sexual, en la que todas las tendencias sexuales acaban por converger, formando la organización genital definitiva. (Cf. *Una teoría sexual,* en *Obras completas,* I, 7, Madrid, Biblioteca Nueva, 1968.) Numerosos ejemplos muy conocidos, como el de los investigadores científicos que permanecen creyentes, muestran que la unificación del *yo* se halla sujeta a las mismas perturbaciones que la de la libido.

[20] *Loc. cit.*, pág. 85.

[21] Véase *Tótem y tabú, op. cit.*

[22] *Loc. cit.*, pág. 109.

[23] Cf. el texto y la bibliografía de la obra de B. Kraskovicjun *Die Psychologie der Kollektivitaeten,* traducida del croata al alemán por S. Posavec, Vukovar, 1915.

[24] Véase Walter Moede: *Die Massen und Sozialpsychologie im kritischen Ueberlick,* en *Zeitschrift für Paedagogische Psychologie und experimentelle Paedagogik,* publicada por Meumann y Schibner, XVI, 1915.

[25] *Loc. cit.*, pág. 22.

[26] *Loc. cit.*, pág. 23.

[27] *Loc. cit.*, pág. 25.

[28] *Loc. cit.*, pág. 39.

[29] *Loc. cit.*, pág. 39.

[30] *Loc. cit.*, pág. 41.

[31] *Instincts of the herd in peace and war,* Londres, 1916.

[32] Brugeilles: *L'essence du phénomène social: la suggestion,* en *Revue Philosophique,* XXV, año 1913.

[33] Konrad Richter: *Der Deutsche S. Christoph,* en *Acta germánica,* v. I, Berlín, 1896.

[34] Christophorus Christum, sed Christus sustulit orbem:
Constiterit pedibus dic ubi Christophorus?

[35] Así, Mac Dougall, en el *Journal of Neurology and Psychopathology,* vol. I, núm. I, mayo 1920: *A note on suggestion.*

[36] Nachmansohn, *Freuds Libidotheorie verglichen mit der Eroslehre Platos,* en *Intern. Zeitschrift f. Psychoanalyse,* III, 1915; Pfister. Bd. VII, 1921.

[37] «Si yo hablare lenguas humanas y angélicas y no tuviere amor, vengo a ser como metal que resuena o címbalo que retiñe.»

[38] *Kriegsneurosen und Psychisches Trauma,* Muenchen, 1918.

[39] Véase nuestra *Introducción al psicoanálisis,* Alianza Editorial, El Libro de Bolsillo, núm. 82.

[40] Cf. el artículo —muy interesante, aunque algo fantástico— de Bela v. Felszeghy titulado *Panik und Panik-Komplex*, en *Imago*, VI, 1920.

[41] Véase la explicación de fenómenos análogos sobrevenidos después de la desaparición de la autoridad patriarcal, en *Die Vaterlose Gellesschaft*, por P. Federn. Viena, Angengruber-Verlag, 1919.

[42] Quizá con la única excepción de las relaciones de la madre con su hijo, las cuales se muestran basadas en el narcisismo, no son perturbadas por una ulterior rivalidad y quedan robustecidas por una derivación a la elección sexual de objeto.

[43] En un trabajo recientemente publicado (1920) con el título *Más allá del principio del placer*, he intentado enlazar la polaridad del amor y del odio a una oposición hipotética de instintos de vida e instintos de muerte y mostrar en los instintos sexuales los más puros representantes de los primeros. (Véase págs. 81-137 de este mismo volumen.)

[44] Véase la *Introducción al narcisismo*, en *Obras Completas*, I, 11, *op. cit.*

[45] Véase Freud, *Tres aportaciones a una teoría sexual (Obras completas*, I, 7, *op. cit.)*. Asimismo, Abraham, *Untersuchungen über die frueheste praegenitale. Entwicklungsstufe der Libido* (en *Internat. Zeitschrift Psychoanalyse*, IV, 1916), y *Klinische Beitraege zur Psychoanalyse* (en *Internat. Psychoanalytische Bibliothek*, Bd. 10, 1921).

[46] Markuszewicz, *Beitrag zum autistischen Denken bei Kindern*, en *Internat. Zeitschrift f. Psychoan.*, VI, 1920.

[47] Sabemos muy bien que con estos ejemplos, tomados de la Patología, no hemos agotado la esencia de la identificación, dejando así intacta una parte del enigma que plantean las formaciones colectivas. Para agotar el tema habríamos de emprender un análisis psicológico mucho más profundo y comprensivo. Partiendo de la identificación y a través de la imitación, llegamos a la proyección simpática; esto es, a la comprensión del mecanismo que nos permite adoptar, en general, una actitud determinada con respecto a otras vidas psíquicas. También en las manifestaciones de una identificación ya realizada hay todavía mucho que aclarar. Entre otras consecuencias, tiene esta identificación la de restringir la agresión contra la persona con la cual se ha identificado el sujeto, protegiéndola y auxiliándola. El estudio de tales identificaciones (por ejemplo, de las existentes en la base de la comunidad constituida por el clan) reveló a Robertson Smith el hecho sorprendente de que reposan en el reconocimiento de una sustancia común (*Kindship and Marriage*, 1885) y pueden, así, ser creadas, con la participación en una comida común. Esta particularidad permite enlazar las identificaciones de este género con la historia primitiva de la familia humana tal y como la esbozamos en nuestro libro *Tótem y tabú*, *op. cit.*

[48] Véase *Una teoría sexual*, *op. cit.*

[49] *Instincts of the herd in peace and war*. Londres, 1916.

[50] Véase mi estudio *Más allá del principio del placer, op. cit.*
[51] Véase mi *Introducción al psicoanálisis, op. cit.*
[52] Véase *Tótem y tabú, op. cit.*
[53] Aquello que antes hemos descrito en la característica general de los hombres se aplica más particularmente a la horda primitiva. La voluntad del individuo era demasiado débil para decidirse a la acción, y de este modo, siendo los impulsos colectivos los únicos posibles, sólo existía una voluntad común, nunca una voluntad singular. La representación no osaba transformarse en voluntad cuando no se sentía reforzada por la percepción de su difusión general. Esta debilidad de la representación se explica ya por la fuerza del lazo afectivo común a todos los individuos, pero también la uniformidad de las condiciones de vida y la ausencia de propiedad privada hubieron de contribuir a producir tal conformismo de los actos psíquicos. Incluso las necesidades de excreción admiten, como puede observarse en los niños y en los soldados, una comunidad. La única excepción es el acto sexual, durante el cual la presencia de una tercera persona es, por lo menos, superflua, y en un caso extremo, condena a tal persona a una penosa espera. De la reacción de la necesidad sexual (de la satisfacción genital) contra el «gregarismo» habremos de ocuparnos próximamente.
[54] Puede admitirse igualmente que los hijos, expulsados de la horda y separados del padre, pasaron de la identificación recíproca al amor objetivo homosexual, y conquistaron así la libertad, que les permitió matar al padre.
[55] Véase *Tótem y tabú, op. cit.*
[56] Esta situación, en la que el sujeto mantiene fija su atención consciente en el hipnotizador, mientras se ocupa conscientemente con percepciones invariables y desprovistas de interés, halla su pareja en determinados fenómenos del tratamiento psicoanalítico. Por lo menos una vez, en todo análisis, llega el sujeto a afirmar tenazmente que ninguna idea acude ya a su imaginación. Sus asociaciones libres quedan detenidas, y los estímulos que de costumbre las provocan permanecen ineficaces. Pero, a fuerza de insistir, se acaba por hacer confesar al paciente que piensa en el paisaje que descubre a través de las ventanas del gabinete de consulta, en el tapiz que adorna el muro o en la lámpara que pende del techo. Deducimos entonces que comienza a experimentar la transferencia, que es absorbido por ideas aún inconscientes que se refieren al médico, y vemos desaparecer la detención de sus asociaciones en cuanto le explicamos su estado.
[55] Ferenczi, *Introjektion und Uebertragung*, en *Jahrbuch der Psychoanalyse*, I, 1909.
[58] Creemos poder llamar la atención sobre el hecho de que las consideraciones desarrolladas en este capítulo nos autorizan a remontarnos desde la concepción de la hipnosis, formulada por Bernheim, a la concepción antigua, más ingenua. Bernheim creía poder deducir todos los fenómenos hipnóticos de la sugestión, irreduci-

ble por sí misma. A nuestro juicio, la sugestión no sería sino una de las manifestaciones del estado hipnótico; el cual se basaría en una disposición inconscientemente conservada, cuyos orígenes se remontarían a la historia primitiva de la familia humana.

[59] *Trauer und Melancholie*, en *Internationale Zeitschrift für Psychoanalyse*.

[60] Véase *Tótem y tabú, op. cit.*

[61] La coincidencia del *yo* con el ideal del *yo* produce siempre una sensación de triunfo. El sentimiento de culpabilidad (o de inferioridad) puede ser considerado como la expresión de un estado de tensión entre el *yo* y el ideal.

Trotter deduce la represión del instinto gregario, concepción que, en último análisis, es idéntica a la desarrollada por mí en la *Introducción al narcisismo*, al afirmar que la formación del ideal era, por parte del *yo*, la condición de la represión.

[62] Cf. Abraham, *Ansaetze zur psychoanalytischen Erforschung und Behandlung des manisch-depressiven Irreseins*, etc., 1912, en la publicación *Klinische Beitraege zur Psychoanalyse*, 1921.

[63] O más exactamente: tales reproches se disimulan detrás de otros dirigidos contra el propio *yo*, imprimiéndoles la firmeza, la tenacidad y el carácter imperioso que distingue a aquellos con los que se abruman a sí mismos los melancólicos.

[64] «En el modo de toser y escupir sí habéis logrado llegar a pareceros a él.»

[65] Las consideraciones que siguen son producto de un cambio de ideas con Otto Rank.

[66] Cf. Hans Sachs, *Gemeinsame Tagträume*, en *Internationale Zeitschrift für Psychoanalyse*, VI, 1920.

[67] En esta exposición abreviada hemos tenido que renunciar al apoyo que hubieran podido prestarnos los materiales ofrecidos por la leyenda, el mito, la fábula, la historia de las costumbres, etc.

[68] Véase *Una teoría sexual, op. cit.*

[69] Los sentimientos hostiles, más complicados, no constituyen una excepción de esta regla.

[70] Véase *Tótem y tabú, op. cit.*

[1] Lo esencial es que el placer y el displacer aparecen ligados al *yo* en calidad de sensaciones conscientes.

[2] Véase la obra *Zur Psychoanalyse der Kriegsneurosen*, con aportaciones de Ferenczi, Abraham, Simmel y E. Jones. Tomo I de la *Internationale Psychoanalytische Bibliothek*, 1919.

[3] Esta interpretación fue plenamente confirmada por una nueva observación. Un día que la madre había estado ausente muchas horas, fue recibida, a su vuelta, con las palabras: «¡Nene o-o-o-o!», que en un principio parecieron incomprensibles. Mas en seguida se averiguó que durante el largo tiempo que el niño había permanecido solo había hallado un medio de hacerse desaparecer a sí mismo. Había descubierto su imagen en un espejo que llegaba casi hasta el suelo y luego se había agachado de manera a hacer

que la imagen desapareciese a sus ojos; esto es, quedarse «fuera».

[4] Teniendo el niño cinco años y nueve meses, murió su madre. Entonces, cuando ya se hallaba ésta realmente «fuera», no mostró el niño dolor alguno. Cierto es que entre tanto le había nacido un hermanito que había despertado fuertemente sus celos.

[5] Véase *Un recuerdo infantil de Goethe,* en *Poesía y Verdad, Obras completas,* II, 13, *op. cit.*

[6] Marcinowski, *Die erotischen Quellen der Minderwertigkeisgefühle,* en *Zeitschrift für Sexualwissenschaft,* IV, 1918.

[7] Compárese el excelente estudio de C. G. Jung titulado *Die Bedentung des Vaters für das Schicksal des Einzelnen,* en *Jahrbuch für Psychoanalyse,* I, 1909.

[8] Conforme a lo expuesto por J. Breuer en la parte teórica de los *Estudios sobre la histeria,* 1895 (cf. Sigmund Freud, *La histeria,* Alianza Editorial, El Libro de Bolsillo, núm. 96).

[9] *Zur Psychoanalyse der Kriegsneurosen Einleitung,* en *Internationale Psychoanalytische Bibliothek,* núm. 1, 1919.

[10] Véase: «Psicología de los procesos oníricos», de *La interpretación de los sueños,* Alianza Editorial. El Libro de Bolsillo, núms. 34, 35 y 36.

[11] No dudo de que han sido ya expuestas, repetidas veces, análogas hipótesis sobre la naturaleza de los instintos.

[12] Véase más adelante nuestra rectificación de este concepto extremo del instinto de conservación.

[13] Por otro camino ha llegado Ferenczi a la misma concepción (*Entwicklungsstufen der Wirklichkeitssinnes,* en *Internationale Zeitschrift für Psychoanalyse,* I, 1913): «Siguiendo consecuentemente esta ruta mental, se acostumbra uno a la idea de una tendencia a la regresión en la vida orgánica, mientras que la tendencia a la evolución, adaptación, etc., no surgiría más que al estímulo de excitaciones exteriores» (pág. 137).

[14] *Über die Dauer des Lebens,* 1882; *Über Leben und Tod,* 1892; *Das Keimplasma,* 1892, y otros.

[15] *Über Leben und Tod,* 2 Aufl., 1892, S. 20.

[16] *Dauer des Lebens,* S. 33.

[17] *Leben und Tod,* 2 Aufl., S. 67.

[18] *Dauer des Lebens,* S. 33.

[19] *Über Leben und Tod,* Schluss.

[20] Comp. Max Hartmann. *Tod und Fortpflanzung,* 1906; Alex Lipschütz, *Warum wir sterben,* en *Kosmosbücher,* 1914; Franz Dôflein, *Das Problem des Todes und der Unsterblichkeit bie den Pflanzen und Tieren,* 1919.

[21] Véase Lipschütz, *loc. cit.,* págs. 26, 52 y sigs.

[22] *Über die anscheinende Absichtlichkeit im Schicksale des Einzelnen,* Grossherzog Wilhelm Ernst Ausgabe, IV Bd.

[23] Véase la *Teoría sexual* y el ensayo *Instintos y sus destinos.*

[24] En un trabajo muy rico en ideas, aunque para mí no del todo transparente, emprende Sabina Spielrein una parte de esta investigación y califica de «destructores» a los componentes sádicos

del instinto sexual. *(Die Destruktion als Ursache des Werdens,* en *Jahrbuch für Psychoanalyse,* IV, 1912). De un modo distinto intentó A. Staercke *(Inleidig by de vertálig, von S. Freud. De sexuele beschavingsmoral,* etc., 1914) identificar el concepto de la libido con el que teóricamente hay que suponer de un impulso hacia la muerte. (Comp. Rank: *Der Künstler.)* Todos estos esfuerzos muestran el impulso hacia un esclarecimiento aún no alcanzado de la teoría de los instintos.

[25] Weismann *(Das Keimplasma,* 1892) niega también esta ventaja: «La fecundación —dice— no significa en modo alguno un rejuvenecimiento o renovación de la vida; no sería necesaria para la perduración de la vida y no es más que *un dispositivo* para hacer posible la *mezcla de dos diferentes tendencias de herencia.*» Weismann opina, además, que el efecto de tal mezcla es una elevación de la variabilidad de los seres animados.

[26] Al profesor Heinrich Gomperz (Viena) debo las indicaciones que siguen sobre la procedencia del mito platónico, y que transcribo en parte textualmente. Quisiera llamar la atención sobre el hecho de que la misma teoría se encuentra ya, en esencia, en los Upanishadas. En el *Brihad-Aranyaka-Upanishad, I.* C.A. *(Deussen 60 Upanishaden des Veda,* pág. 303), en el que se describe el nacimiento del mundo surgiendo del Atman (el *mismo,* o el *yo),* se lee: «Pero él (el Atman) no tenía tampoco alegría; por esto no se tiene alegría cuando se está solo. Entonces deseó un compañero. Pues él era del tamaño de un hombre y una mujer juntos cuando se tienen abrazados. Este su *mismo* lo dividió él en dos partes y de ellas surgieron el esposo y la esposa. Por esta razón es este cuerpo una mitad del *mismo.* Así lo ha declarado Tajnavalka. Y este espacio vacío es llenado aquí por la mujer.»

El *Brihad-Aranyaka-Upanishad* es el más antiguo de todos los Upanishadas, y todo investigador digno de crédito le atribuye una fecha anterior al año 800 antes de J. C. La cuestión de si es o no posible que la teoría de Platón dependa —de todos modos, muy mediatamente— de estos pensamientos indios, no es cosa que, en contra de la opinión general, quisiera yo negar decididamente, dado que tal posibilidad no puede ser tampoco rechazada para la teoría de la transmigración de las almas. Tal dependencia, facilitada en primer lugar por los pitagóricos, no restaría importancia alguna a la coincidencia de pensamientos, dado que Platón no se hubiera apropiado, ni mucho menos reproducido en un lugar tan importante, tal historia, llegada a él por la tradición india, si no hubiera considerado que encerraba una verdad.

En un trabajo de K. Ziegler *(Menschen und Weltenwerden,* en *Neue Jahrbücher für das Klassische Altertum,* Bd. 31, Sonderabdruck, 1913) se relaciona esta idea de Platón con anteriores concepciones babilónicas.

[27] Agregamos aquí algunas palabras como aclaración a nuestra terminología, que en el curso de estas discusiones ha experimentado un determinado desarrollo. Lo que son los «instintos sexuales» lo

sabíamos ya por su relación con los sexos y la función reproductora. Conservamos después este nombre cuando los resultados del psicoanálisis nos obligaron a hacer menos estrecha su relación con la procreación. Con el establecimiento de la libido narcisista y la extensión del concepto de la libido a la célula aislada se convirtió nuestro instinto sexual en el «eros», que intenta aproximar y mantener reunidas las partes de la sustancia animada, y los llamados generalmente instintos sexuales aparecieron como la parte de este «eros» dirigida hacia el objeto. La especulación hace actuar al «eros», desde el principio mismo de la vida, como «instinto de vida», opuesto al «instinto de muerte» surgido por la animación de lo anorgánico, e intenta resolver el misterio de la vida por la hipótesis de estos dos instintos que desde el principio luchan entre sí. Más visible es aún la transformación sufrida por el concepto de «instinto del *yo*». Al principio, denominábamos así todas aquellas direcciones instintivas, poco conocidas por nosotros, que se dejaban separar de los instintos sexuales dirigidos hacia el objeto, y oponíamos los instintos del *yo* a los instintos sexuales cuya manifestación es la libido. Más tarde, nos acercamos más al análisis del *yo* y vimos que también una parte de los instintos del *yo* es de naturaleza libidinosa y ha tomado como objeto al propio *yo*. Estos instintos narcisistas de conservación tenían, pues, que ser agregados a los instintos sexuales libidinosos. La antítesis entre instintos del *yo* e instintos sexuales se transformó en la de instintos del *yo* e instintos del objeto, ambos de naturaleza libidinosa. En su lugar apareció otra entre instintos libidinosos (instintos del *yo* y del objeto) y los demás que pueden estatuirse en el *yo* y constituir quizá los instintos de destrucción. La especulación transforma esta antítesis en los instintos de la vida (eros) e instintos de muerte.

[28] Rückert, *Die Mekamen des Hariri.*

[1] No creo ser injusto al atribuir a los filósofos del «como si» una opinión en la que han coincidido otros pensadores. Cf. H. Vaihinger *La filosofía del «como si»*, ediciones 7.ª y 8.ª, 1922, página 68: «En el círculo de las ficciones no incluimos tan sólo operaciones teóricas indiferentes, sino también concepciones creadas por hombres nobilísimos y acogidas en su corazón por la parte más noble de la Humanidad, que no permite le sean arrancadas. Tampoco nosotros lo intentamos. Las dejamos subsistir como *ficciones prácticas,* carentes de todo valor de *verdad teórica.*»

[2] La pareja divina Λόγος-Ἀνάγκη del holandés Multatuli.

Indice